eデモクラシーと電子投票

岩崎正洋
Iwasaki Masahiro

日本経済評論社

まえがき

ＩＣＴ（Information and Communications Technology）の急速な発達という現実ばかりが先行しており、ＩＣＴの発達した社会において、政治がどのようなものになるのかという点について、今なお共通の理解は形成されていない。

果たしてＩＣＴにより政治は変化するのであろうか。それとも、政治がＩＣＴを利用して変わっていくのであろうか。

現実においては、「電子政府」や「電子自治体」、それらを総称した「電子行政」、さらに、「電子投票」、「電子会議室」などのように、ＩＣＴを利用した政治や行政の動きがみられるようになっている。すでに、ＩＣＴと政治とのかかわりは、具体的なかたちとなって眼前に現れており、政治学に対して、少なくとも次のような二つの新しい視点を提供した。

まず、具体的な公共政策の研究という点からいえば、電子政府や電子自治体、電子行政などは、ＩＣＴ政策（情報通信技術ないしＩＴ政策）に関する事例を提供する。ＩＣＴ政策が研究対象となったのは、最近のことであり、研究蓄積はまだ限られている。たとえば、日本の「e-Japan戦略」に代表されるように、電子政府の構築を企図した政策は、政策研究に新たな事例を追加する。

この点は、現実の政策課題の広がりにともない、政策研究の裾野を拡大したといえる。ＩＣＴ政策の研究を行う際には、従来の政策研究をふまえることができるし、それらの蓄積に対して新たな貢献をしていく道も開かれている。

次に指摘できるのは、電子政府の構築により、従来とは異なるような、政策の決定作成や実施過程がもたらされるため、結果的に、新しい視点が導き出されるという点である。それというのも、電子政府の実現は、新たな政策過程を生み出す可能性をもっているからである。

たとえば、行政機関のホームページでパブリックコメントの募集が行われるのは、今や何ら珍しいことではない。コメントの募集が締め切られた後、そこでの議論がまとめられ、ホームページで紹介されたり、関係機関における政策立案の参考とされ、政策作成に影響を及ぼすことがある。パブリックコメント制度の導入は、単純に考えても、ＩＣＴの普及によって実現した新しい政策作成の方法であり、従来とは異なる政策過程が現出したと考えることができる。

それ以外にも、電子自治体の先進事例として注目を集めた神奈川県藤沢市や三重県などの電子会議室は、政策作成過程に市民や県民の意思を少しでも多く反映できるようにした取り組みであり、ＩＣＴによって実現した参加制度として挙げることができる。電子会議室の登場は、ＩＣＴと政治とのかかわりの新たな具体例を提供し、新しい政策過程の事例をも提供した。

この点は、事例の提供だけに留まらず、新しい政策過程のモデルを考えるための視点を与えてくれることになる。たとえば、電子政府における政策過程をみると、一連の政策決定や実施段階の区分、各段階に関与するアクターの違いなど、さまざまな論点を抽出できる。そこから政策過程の新しいモデルを考えることができるし、既存のモデルの妥当性を検証することもできる。

そう考えると、第二の視点は、政策研究だけでなく、政治的決定作成という政治学の基本的な問題に関しても、パラダイム転換の可能性を秘めているといえる。

本書は、「eガバメント（e-government）」、「eデモクラシー（e-democracy）」、「eガバナンス（e-governance）」という三つのキーワードを中心に、ICTと政治とのかかわりに注目している。とりわけ、日本の電子政府や電子投票に焦点を絞り、日本におけるICTと政治とのかかわりがeガバメントからeデモクラシーへと広がりをみせていることを把握し、今後に向けた問題提起を行うことを企図している。

ICTの発達した社会における政治をどのように捉えるかという視点は、本書で取り扱われている題材のなかから、公共政策研究の材料をみつけたり、政治的決定作成の新たな論点を導出したりすることによって手に入れることができるように思われる。本書に関連した海外の議論は極めて多くみられるが、日本ではまだ手薄の状態にある。本書はまず、日本における実際の動きについての情報蓄積を心がけた。そのため、海外の電子政府や電子投票などについては言及していないが、この点は、次の機会に補いたい。

目次

序章　eガバメント・eデモクラシー・eガバナンス

1　ICTと政治

ICT（Information and Communications Technology）が発達し普及することにより、社会に大きな変化がもたらされるという議論に何ら目新しさはない。過去一五年ないし二〇年ほどの間に展開された議論において、さまざまな立場からICTの可能性が論じられ、あるときには肯定的に、別のときには否定的に論じられてきた。ICTがもたらす可能性に関して、肯定論と否定論のいずれか一方に軍配が上がったわけではない。

政治学においても同様に、ICTによって政治に変化がもたらされるという議論が数多く提出されてきた。あくまでICTは、「情報通信技術」であり、道具に過ぎない。道具という表現をいいかえるなら、コミュニケーション手段といえる。コミュニケーション手段が政治を変えるのか、それとも政治がコミュニケーション手段を利用することで、自ら変わっていくのか、どの視点に立つかによって見方は随分と異なってくる。

現在に至るまで、いくつかの異なる見方をふまえた共通の認識は形成されていない。ＩＣＴと政治とのかかわりに焦点が向けられてきたとはいえ、今なお議論は百家争鳴の状態にある。

たとえば、ＩＣＴと政治とのかかわりを意味する概念さえ混乱しており、数え上げれば限りない。「サイバーポリティクス（cyberpolitics）」、「サイバーデモクラシー（cyberdemocracy）」、「デジタルガバメント（digital government）」、「デジタルデモクラシー（digital democracy）」、「ｅポリティクス（e-politics）」、「ｅガバメント（e-government）」、「ｅデモクラシー（e-democracy）」、「ｅガバナンス（e-governance）」などを挙げることができる。

さまざまな論者が現在進行中の新しい現象に対して異なる角度から目を向けている。各論者がそれぞれの立地点からしか現象を捉えることができずにいるため、あいまいな捉え方しかできなかったり、多義的な解釈が可能になったり、論争的になったりする。

学問の発達において、このような状況は何ら珍しいことではない。むしろ日常茶飯事のことである。既存のものとは異なる概念やモデル、理論やパラダイム、あるいは見解や解釈が新たに提示されるときには必ずといえるほど混乱が生じる。

新しい概念が漠然としており、概念規定があいまいであったり、説明能力が低かったり、あるいは既存の他の概念との差異が不明確であったりする場合には、概念の有効性が問われる。また、多義的な内容であるために、概念の中身をめぐって論争が引き起こされることも珍しくはない。

まさに、ＩＣＴと政治とのかかわりをどのように表現するかという点についても、多くの論者が合意に達するような一つの概念は今のところ見当たらない。「サイバーポリティクス」も「デジタルデモクラシー」も、「ｅガバメント」や「ｅデモクラシー」も、それらがＩＣＴと政治との何らかのかかわりを意味するものだという、漠然としたイメージを抱くことはできたとしても、一つ一つの概念の違いを明確にすることはできない。

いずれも内容的に重複しており、ときには同義語として、また、ときには全く異なる意味をもつものとして使用されているのが現状である。雨後の竹の子のように族生した新語を一瞥する限り、これらに共通する点や異なる点が何であるかについて、明確ではないように思われる。

さまざまな概念がＩＣＴに関連した「サイバー」、「デジタル」、「ｅ」という言葉と、「政治」や「民主主義」を意味する言葉と結びついており、新語として登場した。最近になり、「ｅ」という言葉を接頭語として用いることで、経済分野の「ｅコマース」や、教育分野の「ｅラーニング」と同様に、政治学の用語として、「ｅガバメント」、「ｅデモクラシー」、「ｅガバナンス」という言葉を使う議論が目立つようになってきている。

したがって、本書においては、概念の混乱を少しでも回避するために、「ｅ」を用いた表現を採用する。それぞれの意味については後述するとして、以下の議論におけるキーワードは、「ｅガバメント」、「eデモクラシー」、「eガバナンス」である。
これらは、いずれも相互に関連しており、ときには類似の意味をもつようにみえることさえある。しかし、ここでは、三つの概念が、それぞれ本質的に異なる意味をもっていることを明らかにしておく。

まず、「eガバメント」とは、電子政府や電子自治体のことを意味しており、最近の日本では電子行政と表現されるものを含む概念である。これらは、国と地方における行政の電子化を意味している。

国レベルでは、電子政府の構築という目標を掲げてICT政策が推進されてきた。地方レベルでも、電子化を積極的に進める自治体が登場し、電子自治体の構築が全国的に広がり、先進的な電子自治体と、そうでない自治体との格差が表面化するようになった。国レベルの電子化であれ、地方レベルの電子化であれ、両者が目指していたのは、政府そのものの電子化であり、そこでは行政サービスの電子化による効率化に重点が置かれていた。

その意味で、電子政府をめぐる現実の動きと、それに関連した議論は、あくまでeガバメントを対象としているに過ぎない。しかし、電子化がもたらす新しい方向性は、行政の側面だけに留まらず、政治の側面にも広がっている。

「eデモクラシー」は、行政の電子化だけでなく、政治の電子化までも含んだ概念である。たとえば、民主主義の根幹をなす選挙でのICT利用は、まさに政治の電子化である。すでに、日本でも電子投票が実施されており、政治の電子化は進みつつある。さらに、選挙運動におけるＩＣＴの利用も議論されており、今後の実現可能性が模索されている。

ｅガバメントが行政の効率化に重点を置いていたのに対し、ｅデモクラシーは政治への参加に重点を置いていた。両者が相互に関連しているとしても、基本的に両者の力点は異なっている。そのため、両者を包含した意味合いをもつものとして、「ｅガバナンス」という概念を挙げることができる。

現在のところ、ｅガバメントからｅデモクラシーへの広がりが徐々にみられるが、将来的には、ｅガバナンスに議論が広がり、焦点が絞られていく可能性がある。そのため、ｅガバナンスについて言及しておくことは有意味である。

電子化により、さまざまな側面の効率化が進み、政策の決定や実施過程への多様なアクターの参加が実現するようになった。その結果、電子化がガバナンスの具体的な取り組みをもたらしたと考えることができる。ＩＣＴを利用してガバナンスを実践することは、まさに「ｅ」によるガバナンスといえるのであり、ｅガバナンスの実現となる。

もちろん、電子化が直ちに政治の未来を薔薇色に染めるのではない。次の段階では、電子化された政府や民主主義をどのように運営するかが課題となる。この点は、多様なアクターが参加すれば事足りるわけではないことを、既存のガバナンス論が示している。

何よりも重要なのは、政治の質や民主主義の質である。電子化とは、ハードを整えることでしかない。次に必要となるのはソフトであり、ソフトの中身が問われることになる。つまり、eガバナンスの実践には、参加するアクターの意識をはじめ、政策の決定内容や実施方法が課題となることを忘れてはならないのである。

2　本書の構成

本書においては、「eガバメント」、「eデモクラシー」、「eガバナンス」という三つの概念を中心に位置づけ、ICTと政治とのかかわりを考えることにする。とりわけ、日本における実際の動きに注目することにより、これらの具体的な姿を把握できるようにする。

第1章では、eガバメントからeデモクラシーへの広がりについて、なぜeデモクラシーに注目するのかを説明しながら、検討する。ICTの発達が政治や行政に影響を及ぼし、eガバメントの構築へ向けた取り組みがなされる一方で、他方においては、eデモクラシーも現出しつつある。両者の関係を実際の動きとともに、理論的に説明する。

第2章では、eガバメントに関する具体的な説明を行うために、日本における電子政府構築へ向けた取り組みに注目する。特に、ICT政策を時系列的に眺めていくことで、日本の電子政府構築がどのように考えられ、どのように進められてきたのかが明らかになる。

また、日本の電子政府構築が当初は行政の電子化という程度の内容であったが、徐々に広がりをみせるようになり、ｅデモクラシーやｅガバナンスの実現へと結びついていく可能性が、明らかになりつつある。

第3章では、ｅデモクラシーの具体的な取り組みの一つとして、電子投票に注目する。そこでは、電子投票の現状と課題について考察する。実際のところ、日本における電子投票は、電子政府の構築へ向けた取り組みの一部をなすものとして、位置づけることができる。そのため、一連のＩＣＴ政策のなかで、電子投票は言及されており、それをふまえて、電子投票の導入の背景や特徴、現状と課題などを考えなければならない。

第4章では、引き続き日本の電子投票について、これまでに実施した自治体の事例に注目する。日本では、二〇〇二年以来これまでに一〇の地方自治体で電子投票が実施されてきた。具体的には、新見市、広島市、白石市、鯖江市、可児市、大玉村、海老名市、六戸町、京都市、四日市市などである。主に、各自治体が第一回目の電子投票をどのように実施したのかという点に焦点を絞り、導入の経緯、開票作業、トラブル、その後の展開について説明する。

第5章では、ＩＣＴと選挙との関係を取り扱っている。今のところ、日本では、ＩＣＴを選挙運動に利用することは認められていない。かつて総務省が「ＩＴ時代の選挙運動に関する研究会」を設置し、同研究会の報告書において、インターネットによる選挙運動の解禁を示唆した。しかし、公職選挙法は改正されず、現在に至っている。

最近では、公職選挙法が想定していないところで、選挙の際のＩＣＴ利用が進んでいる。果たして現状がどうなっているのか、解決すべき課題は何かという点について考えることは、選挙におけるＩＣＴ利用の問題を論じることであり、ｅデモクラシーの一部を照射することもなる。

最後に、本書は、ｅガバメントからｅデモクラシーへの広がりに加え、ｅガバナンスの可能性について言及する。「ガバナンス」は、時代を紐解くキーワードであり、ＩＣＴを利用してガバナンスを実践することは時代の趨勢ともいえる。現代の民主主義におけるガバナンスの特徴について検討し、今後の可能性について考えることとする。

第1章 eデモクラシーとは何か

1 なぜ「eデモクラシー」なのか

今、なぜ「eデモクラシー」について論じる必要があるのだろうか。「eデモクラシー」は、既存の民主主義（デモクラシー）とは異なるものであろうか。そうだとすれば、それはどのようなものであろうか。

「eデモクラシー」という言葉の頭についている「e」という英語は、本来、「電子的な（electronic）」という意味をもっており、それを「e」という一文字に短縮して表現している。「eデモクラシー」をそのまま日本語に訳すと、「電子的な民主主義（electronic democracy）」という意味になるが、そのままでは、なかなかイメージがつかみにくい。

人によっては、機械仕掛けの政治の世界を思い浮かべ、ロボットか何かが人間を支配するような、SF映画の世界をイメージするかもしれない。また、電子という言葉からコンピュータの利用に目を向け、コンピュータにすべてをコントロールされるようなイメージをもつかもしれない。人間がコンピュータを利用して政治を行う姿も想像できる。

しかし、実際のｅデモクラシーとは、これらのイメージとは全くかけ離れたものである。近未来の姿ではなく、今そこにある現実こそがｅデモクラシーなのである。今日、世界の至るところでみられる「民主主義」のなかには、ｅデモクラシーと呼べるようなものが数多く存在する。その意味で、ｅデモクラシーは、現在の民主主義を新しい言葉で表現したものだといえる。

経済の分野における「ｅコマース」や、教育の分野における「ｅラーニング」のように、「ｅ」が冒頭につく言葉がいくつかみられる。「ｅコマース」にしても「ｅラーニング」にしても、ＩＣＴの利用と結びついている。単純にいえば、ｅコマースはＩＣＴを利用した経済活動であり、ｅラーニングはＩＣＴを利用した教育のことである。

ＩＣＴを日本語に訳すと、「情報通信技術」である。手っ取り早くいえば、インターネットがその代表である。インターネットを通じて商取引を行うことや、インターネットを通じて教育を行うことは、「ｅ」をつけて表現される場合がある。だからといって、インターネットを使えば、すべてが「ｅ」なのかというと、そうでもない。

ｅデモクラシーがインターネットを使った民主主義を意味するのかといえば、必ずしも、それは的確な答えではない。インターネットも含むＩＣＴの発達なり利用と民主主義とが結びついたとき、ｅデモクラシーが実現する。そのため、「ｅ」が意味するのは、ＩＣＴの利用であると考えた方が適切である。

ＩＣＴが発達・普及した時代の民主主義を考えるとき、その手掛かりとなるのは、ｅデモクラシーなのである。

2　ｅデモクラシーの二つの側面

それでは、ＩＣＴと民主主義とがどのように結びつくことで、ｅデモクラシーがもたらされるのだろうか(1)。

まず、ＩＣＴという新しい道具の発達により、人々の政治参加の手段や機会が拡大するという点に注目できる。人々は、ＩＣＴを利用することで、政治に関する情報を従来よりも容易に、そして迅速に入手できる。また、ＩＣＴの活用次第では、従来よりも多くの情報が入手できる。情報収集にともない、人々は、さまざまなかたちで、政治とのかかわりをもつことが可能になる。

たとえば、政治や行政に関連したホームページ上のアンケートに回答したり、メールマガジンを受け取るなどの初歩的なかかわりをはじめ、メーリングリストに参加したり、電子会議室に登録し発言することは、容易に手に入れることのできる参加の手段や機会である(2)。

それ以外にも、米国の政治家のホームページ上では、クレジットカード決済による政治献金が行われていることもある。有権者が自分の支持する政治家に対して献金を行うことも政治参加の一つの方法である。

普通に考えると、一般の有権者が仕事や学校の合間にわざわざ銀行へ足を運び、政治献金を行うとか、個人的に政治家の政治資金集めのためのパーティー券を購入することは、あまりないかもしれない。しかし、実際に、ホームページをみて、クレジットカード決済による政治献金を行う有権者がいる。

有名な事例であるが、米国のミネソタ州知事選挙の際に、元プロレスラーのベンチュラ（Jesse Ventura）は、大政党に所属しておらず、選挙資金も限られた候補者であった。選挙戦にあたり、ベンチュラは、電子メールやホームページを活用して選挙を戦うとともに、資金集めも行った(3)。ホームページの画面上には、政治献金ができるような表示がよく目立つところにあった。また、ベンチュラ人形やTシャツなど何種類かのグッズ販売も行っており、支持者は、献金だけではなく、グッズ購入も可能であった（ベンチュラが知事を辞めた現在では、ホームページそのものをみることができない）。

日本でも、政党によっては、ホームページ上で政党関連の資料やグッズを販売している。しかし、現状では、政治家が自分自身のホームページで政治献金の受付を行ったり、グッズを販売しているケースは、ほとんどみられない。

もっとも、日本では、選挙運動にＩＣＴの利用が認められていないため、米国と同列に考えるべきではない。有権者個人による政治献金だけをみても、日本で同様の手法が採用されたとしても、日本の多くの有権者がホームページ上で献金を行うようになるとは容易に想像できない。

韓国では、選挙の際に、民間の団体が「落選運動」を行ったが、これもまた政治参加の新しい手段であり、機会でもある。落選運動は、ホームページ上で、選挙で「どの候補者に投票するか」を有権者が決めるための情報提供を行うというのではなく、むしろ「どの候補者には投票しない方がいいか」、つまり、「どの候補者を落選させるべきか」という情報を提供した。

そのときの選挙結果においては、落選運動がある程度の影響力をもったとされている。それが本当だとすれば、韓国の落選運動も、ＩＣＴを利用した新しい政治参加のかたちだといえる。

いずれにせよ、政治参加のための手段と機会の多様化という意味で、ＩＣＴの発達・普及が一役買ったのは、世界の民主主義諸国にみられる現象である。

さらに指摘できるのは、ＩＣＴと民主主義とが結びつくことにより、民主主義の次なる発展段階としてｅデモクラシーがもたらされるという点である。ｅデモクラシーは、これまでの民主主義に取って代わるのではなく、何らかの変更を加え、従来の民主主義を発展した段階へ導く可能性をもつ。

すでに指摘したように、人々の参加の手段や機会が拡大すること自体が従来の民主主義との相違点を示している。しかし、その点に注目している限り、ＩＣＴの発達という技術的な側面に比重が置かれているに過ぎない。eデモクラシーを考えるには、「e」という技術的な側面に注目するとともに、より「デモクラシー」の部分に比重を置く必要がある。そうしなければ、eデモクラシーについて、本質的な議論を行うことはできないからである。

かつて、政治学では、一つの国の政治が発展するには、大きく分けて四つの段階を経るという議論がなされていた。政治発展論である。(4) 簡単にいえば、最初に、国家の統一の段階があり、次に、国民意識が形成される段階があり、その後、国民が政治に参加する段階となり、最後に、国民に対する国のサービスも充実し、福祉国家の段階になるというものであった。

実際に、世界のあらゆる国々が、政治発展論で考えているような段階を経たわけでもなく、理屈どおりに「発展」するのがいかに困難であるかは、今さら指摘するまでもない。しかし、一つの目安として、一つの国の政治がいくつかの段階を経て、徐々に変化（＝政治発展論では「発展」ということになるが）を遂げると考えることは、それなりに意義があると思われる。

ここでいう「政治」という言葉を「民主主義」に置き換えて考えることもできる。

民主主義の歴史は、古代にまでさかのぼる。すでに、古代の都市国家では、民主主義が実践されていた。そこでは、直接民主主義が採用されていた。その後、近代以降の国民国家では、議会が置かれ、議会に国民の代表が選出される議会制民主主義が常態となった。古代から近代への時代の経過は、直接民主主義から間接民主主義への移行であったということもできる。

さらに、今日では、ＩＣＴの発達が再び直接民主主義をもたらすのではないかという指摘もある。(5)

ＩＣＴによって人々はネットワーク化され、いつでも、どこでもつながりをもち続けることができる。人々がＩＣＴを利用することで、政治に関するさまざまな問題について考え、議論できるだけでなく、直面する政治的な問題についても、議論し、国民投票ないし住民投票のようなかたちで意見表明を行えるようになる。

つまり、選挙を通じて代表を選出し、選ばれた代表が議会で最終的な政治的決定を行うという、議会制民主主義が前提としている構図ではなく、一般の人々がＩＣＴを利用することで、日常的に政治に参加し、政治的決定を自らの手で行うという構図である。それにともない、現代における直接民主主義の実現可能性が生じたとする見方である。

その立場にしたがえば、古代の都市国家における直接民主主義から近代の国民国家における議会制民主主義を経た後、現代において、再び直接民主主義が実現するという発展段階を経たことになる。

しかし、そう考えるのは、非現実的である。現在の状況から判断すると、現存する議会制民主主義のさまざまな制度を捨て去り、国民投票や住民投票を中心とする全く新しい直接民主主義の制度が導入されるには、あまりに大掛かりな変革が必要である。たとえば、選挙制度改革や行政改革などでさえ、容易に実現しない現実をみると、そもそも民主主義の大枠となる仕組みを一気に変更することなど、果たして現実的なのかといわざるをえない。

さらにいうと、直接民主主義にすれば事足りるというわけでもない。現在、日本列島には、約一億三千万人の国民がいるとして、その全員に共通した利益をどのように追求し、どのように合意形成を図るのかという問題がある。

また、国民投票や住民投票のように、単純化した多数決にもとづく決定方式が果たして一国の政治的決定を行うのに適しているのかという問題もある。同時に、決定の責任は誰がとるのかという問題をいかに解決するか、つまり、責任の所在をどのように明確にするかという問題もある。

米国の政治学者であるダール（Robert A. Dahl）もまた、ICTによる直接民主主義の可能性に対して、否定的な見方を示している。[6] ダールは、「規模」の問題が民主主義にとって重要だと考えており、ある政治単位の人口と領域の広さが民主主義の姿を決める要因であると指摘している。

さらに、ダールは、次のように述べている。

「おそらく今日の状況からみれば、将来は、領域の問題を解決できるかもしれない。すなわち、パソコンなどの電子通信機器をコミュニケーション手段として使用すれば、広範囲に広がっている市民が『集まり』、問題を議論し、投票をすることができるだろう。しかし、市民が電子機器を使って『集まる』ことを可能にすることと、膨大な数の市民が提出した問題を解くこととは全く異なることである。ある限界を超えて市民すべてが集まり、実りあるディスカッションを行なう準備をしようと試みることは、電子機器を使ったとしてもばかげたものである[7]」。

あくまでもICTは道具にしか過ぎないのであり、民主主義の実現には、もっと違うところに目を向けるべきである。そこでダールは、単なる集まりや参加だけでは、本質的な意義をもたないと指摘し、欠陥を抱えているとしながらも、代表制度に目を向けている(8)。

人口が増大すると、急速に参加の機会が減少する。集会の参加者のうち、大多数は、発表者の発言を聞くだけの参加であり、自分の意見を発言しようとする参加者は、少数である。発言者たちは、投票は別としても、事実上、発言しない他の参加者たちの代表役を務めている。人々がフェイス・トゥ・フェイスで集まり、議論したとしても、実際には、ある種の代表制度になっているという見方も可能になる。

しかし、発言者が他の参加者の代表であるという根拠は何もない。したがって、納得できる代表選出のシステムを導入するためには、人々が、自由で公正な選挙を通して自分たちの代表を選出できるのが当然だとみなすことが前提となる。

その点から考えても、かりに直接民主主義が実現したとき、人々の間で議論がなされる過程では、発言する者と発言しない者とに分かれる可能性がある。同様に、メーリングリストや電子掲示板などでも、発言する者と発言しない者とに分かれる。その場合には、根拠がないとしても、発言者が、発言しない他の参加者の代表という位置づけとなる可能性は否めず、結果的に、直接民主主義においても、実際には代表が存在するという構図になる。

そうだとすれば、ＩＣＴの発達による直接民主主義の実現可能性が高まり、それが民主主義の次なる発展段階であると考えることは、あまりに短絡的だということが明らかになる。もちろん、ＩＣＴが世の中に普及する以前と、普及した現在においては、ＩＣＴによる影響を無視できないのは当然のことである。
そのため、従来から存在する議会制民主主義をバージョンアップしたものとしてeデモクラシーを考える方が現実的である。既存の民主主義がバージョンアップしたという意味で、eデモクラシーは、民主主義の次なる発展段階として位置づけることができる。

3　民主主義理論とeデモクラシー

ここまでの議論からも明らかなように、eデモクラシーは、政治学が取り扱う主要なテーマの一つである「民主主義」を指している。そのため、eデモクラシーについて考えることは、民主主義そのものを考えることに他ならない。そう考えると、eデモクラシーとは、「民主主義」に「e」がついたに過ぎないという見方もできる。

政治学の蓄積の中には、「民主主義とは何か」という問題をめぐって、さまざまな議論が残されている。現代の民主主義に限定しても、かなり膨大な数の研究成果がみられる。(9) しかし、それらを丹念にひも解く余裕はない。ここで必要なことは、本書のテーマである「eデモクラシー」とは何かを理解するために、現代の民主主義について、政治学の蓄積から示唆を得ることである。

大雑把にいうと、政治学（あるいは政治学者たちといいかえてもいいだろう）は、「競合」と「参加」という二つの点から現代の民主主義を説明してきた。現代の民主主義理論は、二つの論点のいずれか一方に比重を置きながら、議論を展開してきたのである。あるものは、「競合」に重点を置き、他のあるものは、「競合」を重視する民主主義理論を批判しながら、「参加」に重点を置いた。

なるほど、民主主義においては、「競合」も「参加」も欠かせない論点である。しかし、民主主義を論じるとき、政治学者たちは、いずれか一方の側面に重点を置くことで、現実の民主主義の姿をより適切に捉えることができるように努めたのであった。

「競合」を重視する民主主義理論は、主に選挙の役割に注目する。選挙では、政党や政治家といった政治的指導者たちが自らの政策やイデオロギーを掲げ、有権者からの支持の獲得を目指して「競合」を繰り広げる。政党や政治家たちは、互いに異なる政治的立場をとっているため、そこには競合が生まれる。

選挙での競合の結果、勝利を収めた政党や政治家には、正統性が付与される。政治的指導者は、議会に送り出されることで正統性を獲得するとともに、議会でなされる政治的決定を行う権力も手にすることができる。

シュンペーター（Joseph A. Schumpeter）に代表されるように、「競合」を重視する民主主義理論は、一般の人々の役割を重視していない。一般の人々には、政治的決定を行う指導者を選出するという役割のみが与えられているに過ぎない。さらに高度な政治的決定は、政治の専門家たる政党や政治家に委ねるべきだとされていた。そのため、シュンペーター流の民主主義論は、競合的エリート民主主義（competitive elitist democracy）理論と表現される。
それに対する批判は、民主主義における「参加」を重視する立場からなされた。参加民主主義理論と表現される立場からの批判は、競合的エリート民主主義理論が過度にエリート主義的であり、一般の人々の政治参加が非常に制限されている点に向けられた。

参加民主主義理論は、文字どおり、人々の政治参加を重視している。その背景には、直接民主主義の可能性を模索しようという傾向がある。そのため、現実への妥当性という点から考えると、参加民主主義理論の立場に安易に与することは、短絡的であるかもしれない。

議会制民主主義のメカニズムを考えると、有権者が政治に直接的に参加できる機会は、実際には、選挙での投票に限られている。有権者は、自らの一票を行使することで意思表明を行うに過ぎない。選挙以外の場面で積極的に政治に参加する有権者があまり多くないのも現実である。

ここで注意しなければならないのは、民主主義の二つの側面のうち、いずれかの側面に優劣をつけることで、民主主義の実際の姿を的確に把握できるわけではないことである。競合的エリート民主主義理論と参加民主主義理論とを考える際に、いずれか一方の立場が正しいとか、両方とも誤りであるとか、不毛な議論を積み重ねる必要はない。

民主主義を考える際には、少なくとも「競合」と「参加」という異なる二つの側面に目を向ける必要があることを積極的に理解する必要がある。ダールが現実の世界でみられる民主主義的な政治体制のことを「ポリアーキー（polyarchy）」と表現した際に、民主主義の度合いを示す基準として採用したのは、「反対する権利」と「参加する権利」の二つであった。
民主主義的な政治体制とは、「反対する権利」と「参加する権利」とが高度な段階にある場合を示す。いいかえると、「反対する権利」とは「競合」の程度を意味しており、「参加する権利」は「参加」そのものを意味している。

このように考えると、「競合」と「参加」との二つは、民主主義に欠かせない構成要素だといえる。それでは、これらの構成要素がeデモクラシーとどのように関連しているのだろうか。

競合に比重を置く民主主義理論では、選挙の役割が重要視されている。電子投票のように、選挙の電子化を行ったら、それがeデモクラシーになるかといえば、必ずしもそうではない。確かに、電子投票は、eデモクラシーの必要条件であるかもしれないが、十分条件だとはいえない。選挙が民主主義の根幹をなすとはいえ、選挙の電子化イコールeデモクラシーとは断言できない。

参加を重視する民主主義理論に目を向けると、メーリングリストや電子会議室などの開設に具体的に示されているように、ICT利用による参加が行われたら、それがeデモクラシーだというのでは、あまりに安直な捉え方である。ICTの利用による参加の手段と機会の広がりは、eデモクラシーの必要条件ではあるが、十分条件ではない。

その意味で、eデモクラシーは、「競合」と「参加」の両者を架橋する可能性をもっているのではないだろうか。現代の民主主義においては、何よりもまず、選挙の役割が重視されるため、選挙を通じて有権者が自らの一票を行使し、代表を選出するまでの過程が電子化することと、選挙以外の日常生活のさまざまな場面での政治参加の手段や機会が電子化することで、ｅデモクラシーの実現可能性は高くなる。

これら二つの電子化が連動することで、民主主義理論が現代の民主主義を説明するときに重視してきた「競合」と「参加」という二つの構成要素は共存し、既存の民主主義をバージョンアップすることになる。そのとき、ｅデモクラシーは、現代の民主主義理論が提示してきた論点を取り込み、民主主義の実際と理論の両方に新しい地平を切り開くように思われる。

4　ｅガバメントからｅデモクラシーへ

果たしてｅデモクラシーは、どのように実現されようとしているのだろうか。

電子政府や電子自治体の実現に向けた取り組みが世界的に進んでいる。もちろん、日本でも、国レベルでは電子政府を、地方レベルでは電子自治体を目指した取り組みがなされている。それぞれのレベルに応じて、「電子政府」と表現したり、「電子自治体」と表現するが、以下では、両方をあわせて「ｅガバメント（e-government）」と呼ぶ。明らかに特定のレベルに限定される場合には、「電子政府」ないし「電子自治体」と表現する。

日本の場合は、二〇〇〇年一一月二九日に、「高度情報通信ネットワーク社会形成基本法（ＩＴ基本法）」が成立し、翌二〇〇一年一月六日には、内閣総理大臣を本部長とする「高度情報通信ネ

図１　IT 戦略本部のホームページ

首相官邸

トップページ

トップ ＞ 会議等一覧

高度情報通信ネットワーク社会推進戦略本部（IT戦略本部）

情報通信技術（ＩＴ）の活用により世界的規模で生じている急激かつ大幅な社会経済構造の変化に適確に対応することの緊要性にかんがみ、高度情報通信ネットワーク社会の形成に関する施策を迅速かつ重点的に推進するために、平成13年１月、内閣に「高度情報通信ネットワーク社会推進戦略本部（ＩＴ戦略本部）」を設置したところです。

なお、これまでの流れは沿革図をご覧ください。

→ENGLISH

【お知らせ】

- 第５回　IT戦略の今後の在り方に関する専門調査会　議事次第（H21.4.9）
- 第４回　IT戦略の今後の在り方に関する専門調査会　議事次第（H21.3.24）
- IT新改革戦略評価専門調査会　平成２０年度　第４回議事次第（H21.3.23）
- 医療評価委員会　平成２０年度　第７回議事次第（H21.3.17）
- 電子私書箱（仮称）構想の実現に向けた基盤整備に関する検討会　第５回議事次第（H20. 3.16）
- 平成19年度　電子申請等手続に関するご意見の募集の結果について（H21.1.22）
- ITS-SAFETY2010　08年度大規模実証実験実施計画（詳細版）（H20.12.26）
- IT戦略本部　第49回議事次第（H20.12.19）
- 特別テーマ評価検討委員会　平成20年度　第6回議事次第（H20.12.11）
- 電子政府ガイドライン作成検討会　第1回議事次第（H20.10.2）
- オンライン利用拡大行動計画【概要(PDF)/本文(PDF)】
- 重点計画-2008【概要(PDF)/本文(PDF)】（H20.8.20）
- 次世代電子行政サービス基盤等検討プロジェクトチームの報告書が公開されました（H20.6.17）
- 電子私書箱（仮称）による社会保障サービス等のIT化に関する検討会　報告書（H20.3.17）

□ 根拠 / 構成員

□ 開催状況

□ 決定等

平成20年 9月12日	オンライン利用拡大行動計画【概要(PDF)/本文(PDF)】
平成20年 8月20日	重点計画-2008【概要(PDF)/本文(PDF)】
平成20年 6月11日	IT政策ロードマップ【本文(PDF)】
平成20年 2月19日	ＩＴによる地域活性化等緊急プログラム【概要(PDF) / 本文・施策一覧・参考1・参考2・参考3(PDF)】
平成19年11月 7日	ＩＴによる地域活性化等緊急プログラム骨子【概要(PDF)/本文(PDF)】
平成19年 4月 5日	IT新改革戦略 政策パッケージ【概要(PDF)／本文(HTML / PDF) 】
平成18年 7月26日	重点計画-2006【概要(PDF)／本文(PDF)】
平成18年 1月19日	ＩＴ新改革戦略【概要(PDF)／本文(PDF)】
平成17年 2月24日	IT政策パッケージ-2005【概要(PDF)／本文[HTML / PDF] 】
平成16年12月 7日	情報セキュリティ問題に取り組む政府の役割・機能の見直しに向けて【本文［HTML / PDF］】
平成16年 9月10日	ＩＴ国際政策の基本的考え方【概要(PDF)/本文(PDF)】

出所　http://www.kantei.go.jp/jp/singi/it2/

ットワーク社会推進戦略本部（ＩＴ戦略本部）」が設置されたときから、ｅガバメントの実現に向けた本格的な歩みが始まった。(10)

ＩＴ戦略本部は、一月二二日に、「e-Japan 戦略」を決定した。「e-Japan 戦略」では、「超高速インターネット網の整備とインターネット常時接続の早期実現、電子商取引ルールの整備、電子政府の実現、新時代に向けた人材育成等を通じて、市場原理に基づき民間が最大限に活力を発揮できる環境を整備」することにより、「我が国が五年以内に世界最先端のＩＴ国家となることを目指す」という目標が掲げられた。

ここでいう「電子政府」とは、「行政内部や行政と国民・事業者との間で書類ベース、対面ベースで行われている業務をオンライン化し、情報ネットワークを通じて省庁横断的、国・地方一体的に情報を瞬時に共有・活用する新たな行政を実現するもの」である。

さらに、そのための目標としては、「文書の電子化、ペーパーレス化及び情報ネットワークを通じた情報共有・活用に向けた業務改革を重点的に推進することにより、二〇〇三年度には、電子情報を紙情報と同等に扱う行政を実現し、ひいては幅広い国民・事業者のＩＴ化を促す」ことが記されている。

ＩＴ戦略本部は、次々とＩＣＴ政策を決定し、発表し続けている。「e-Japan 戦略」を受け、同年三月二九日には「e-Japan 重点計画」を決定し、六月二六日に「e-Japan 二〇〇二プログラム」を決定した。

その後も、現在に至るまで数々の政策が出されているが、二〇〇三年七月二日の「e-Japan 戦略II」、二〇〇六年一月一九日の「IT新改革戦略」は、「e-Japan 戦略」と同様に、大きな方向性を指し示したものである。これら一連の政策の内容は、「eガバメント」から「eデモクラシー」へと性格を変えてきているように思われる。

「e-Japan 戦略」では、「電子政府」という言葉に示されるように、行政の領域に限定した取り組みであった。その後、徐々に広がりをみせ、現在では、さらに広い範囲を含む内容となっている。その意味で、日本では、eデモクラシーへの取り組みがみられるようになったのである。

それでは、「eガバメント」と「eデモクラシー」との違いは何だろうか。両者の関連は何だろうか。

「eガバメント」は、電子政府や電子自治体の総称であるの対し、「eデモクラシー」は、民主主義そのものであり、新しい民主主義を意味している。「eガバメント」が行政の電子化であるとすれば、「eデモクラシー」は政治の電子化である。

教科書的な表現をすると、民主主義のもとでは、権力分立の原理があり、立法・行政・司法という三権が分立している。立法権は国会に属し、行政権は内閣に、司法権は裁判所に属している。民主主義について考える際に、政治学が主に取り扱うのは、立法と行政の部分である。

選挙での有権者の投票行動や、政党の特徴や働き、さまざまなかたちで政治に影響力を行使する集団の動き、選挙運動や選挙結果、選挙で示された民意、選挙後の党派別の勢力、国会での多数派と少数派、国会での法案作成など、これらはいずれも「立法」に直接間接にかかわりがある。より単純化すると、選挙、政党、国会などは、民主主義のもとでも特に、「立法」の部分に関連している。

それに対して、内閣の仕組みや働き、官僚の役割、各省庁の所轄事項、政策の作成や実施、政策の見直しなどは、いずれも「行政」にかかわりがあり、民主主義のもとでも特に「行政」の部分に関連している。

いいかえると、「立法」の部分は、「政治」の領域として理解することもできるし、「行政」の部分は、文字どおり、「行政」の領域として理解できる。極端にいってしまえば、それがそのまま「政治学」と「行政学」とを分ける境目となる。

政治学の有名な理論の一つとして、「政治システム論」を挙げることができるが、それは、図2のように、政治のメカニズムを単純化して説明したものである。図の中央にある四角の部分が政治システム（政治体系）であり、向かって左側がインプット（入力）側であり、向かって右側がアウトプット（出力）側である。

四隅に書かれている環境とは、政治に何らかの影響を及ぼす多種多様な要因のことである。たとえば、国内の景気の動向であったり、少子高齢化などであったり、外国からの圧力であったり、さまざまなものが考えられる。いわゆる「ＩＴ革命」も環境として捉えることができる。

政治システムとされる四角には、政党や利益集団、国会、内閣や官僚、裁判所などが含まれてお

図２　政治システムの単純モデル

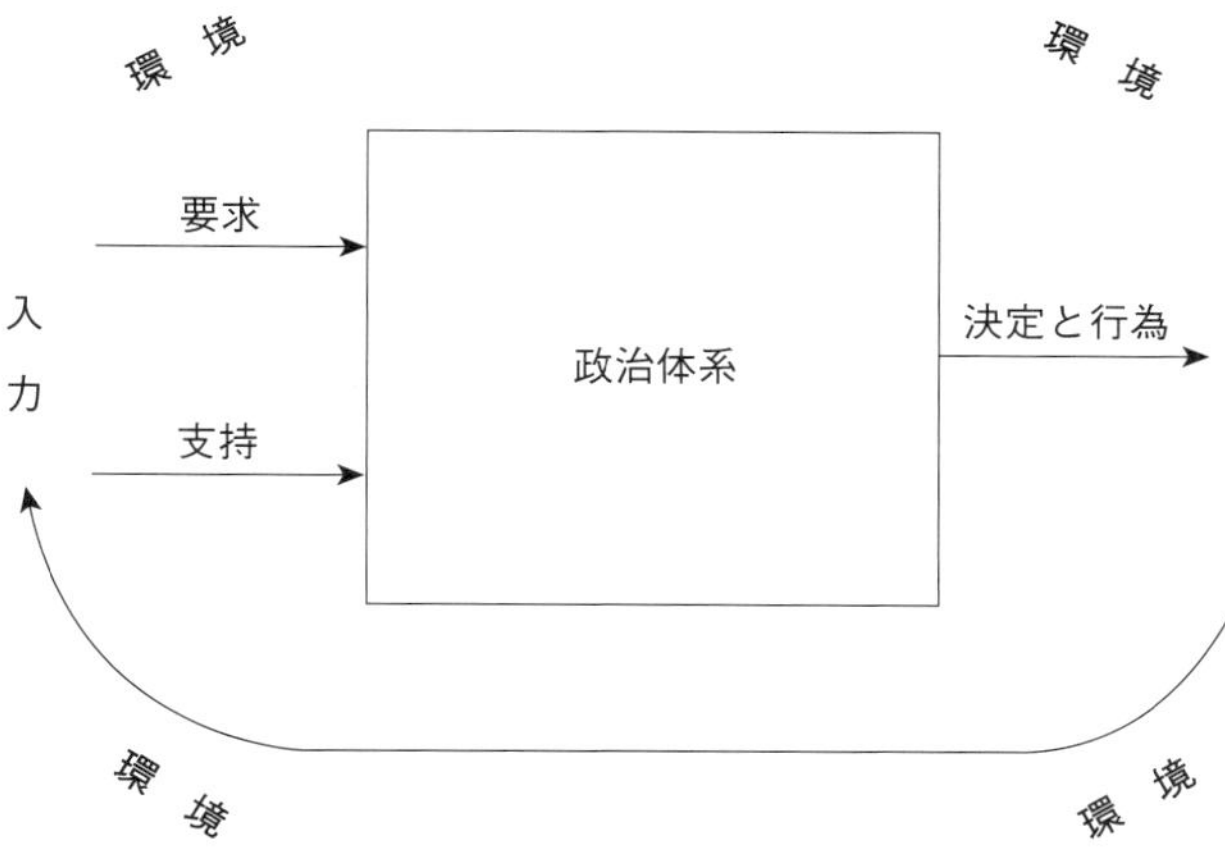

出所　D. イーストン／岡村忠夫訳『政治分析の基礎』みすず書房，1968年，130頁.

り、それらが各々の役割を果たしている過程を意味している。

インプット側は、一般の人々が政治を支持したり（支持しなかったり）、政治に対して要求したりすることを意味している。環境からの影響を受け、人々は、政治に対して何らかの反応を示す。それがインプットとなる。政治システムに人々からの支持や要求がインプットされると、政治システムは、インプットをアウトプットへと変換しようとする。

政策や法律としてかたちになったものがアウトプットとなる。結果的に、アウトプットは、人々に還元されるのであるから、アウトプットから再びインプットへと流れがつながっていく。

ここでの話をまとめると、「立法」にかかわりのある部分、つまり、「政治」の領域がインプット側であり、「行政」の部分（あるいは領域）はアウトプット側である。同時に、「eガバメント」と「eデモクラシー」との違いにも適用できる。

「eガバメント」は行政の電子化であり、「eガバメント」＝アウトプット側の電子化に他ならない。「eデモクラシー」が政治の電子化であるならば、「eデモクラシー」＝インプット側の電子化である。

世界各国の動きに目を向けると、行政の効率化や透明化、行政サービスへの企業経営の手法の採用などに示される「NPM（ニュー・パブリック・マネジメント）」と呼ばれる、一連の行政改革の流れのなかで、eガバメントの実現に向けた取り組みがみられる。[11] その意味で、eガバメントは、行政の領域に重点を置いた取り組みに過ぎず、行政の効率化や透明化、さらには行政手続の簡素化、行政サービスの向上などのために導入されたものでしかない。

確かに、電子政府や電子自治体の実際の姿は、行政手続のオンライン化に象徴的に示されている。eガバメントがあくまでも「行政」の領域の電子化である以上、国や地方といったレベルを問わず、行政の側が主体的に取り組む電子化にならざるをえない。

そのため、eガバメントの実現にあたっては、まず、行政側にとってのメリットである行政内部のオンライン化がなされる。その後、一般の人々にとってメリットがもたらされるとしても、行政手続のオンライン化ぐらいしか、eガバメントはなしえないのである。

ともすれば、行政の情報を掲載したホームページを作成し、インターネット上で公開した程度でも、eガバメント実現に向けた取り組みの第一歩であるといえる。あるいは、地方自治体の職員全員に一人一台ずつコンピュータ（パーソナルコンピュータ）を業務用に支給した程度でも、eガバメント実現に向けた取り組みの第一歩だといえなくもない。日本全国の現状をみると、自治体ごとに大きな格差があり、積極的な取り組みを行っている自治体もあれば、第一歩のレベルに留まっている自治体もあるのが現状なのである(12)。

したがって、eガバメントは、あくまで行政の電子化であり、電子化によってもたらされるメリットには、おのずと限界が生じる。

それに対して、eデモクラシーは、政治の領域の電子化であり、eガバメントへの取り組みによって行政の領域での電子化が進展した後に、「e」の部分が政治の領域へ拡大することで実現する。行政の電子化ないし政治の電子化という二者択一ではなく、現実の場面で、行政の電子化が先行して進んでいる以上、それに続いて政治の電子化という選択肢も採用されると考えられる。

eガバメントからeデモクラシーへの移行は、ある意味で、民主主義の発展段階の一部としても捉えることができる。eガバメントを実現しようとする国や自治体は、ほとんどの場合に民主主義的な政治体制であり、民主主義のもとでの部分的な電子化に他ならない。eガバメントについて論じている限り、そこでは、民主主義理論で主に取り扱われる「競合」と「参加」という二つの論点は、ほとんどみられない。

民主主義における「競合」や「参加」が重視される場面は、アウトプット側というよりも、むしろインプット側である。そこで象徴的なものとしては、たとえば、選挙がある。選挙に際しては、政党や候補者の「競合」があり、有権者の政治「参加」がみられる。もちろん、選挙のとき以外にも、さまざまなかたちで政治への「参加」がなされる。eデモクラシーでは、「競合」や「参加」がICTを通じて行われる可能性をもつ。

そのため、行政の領域から政治の領域へと電子化の範囲が拡大することでもたらされるのは、ICT利用の増大にともなう、参加の手段と機会の多様化に留まらない。さらに、インプットからアウトプットまでの一連の過程において、さまざまなアクター（たとえば、有権者をはじめ、NPO、政党や政治家、国会や内閣、官僚など）が電子化を経験することで、結果的に、既存の民主主義のバージョンアップにつながる可能性もある。

ICTの利用次第では、「競合」にも「参加」にも変化の生じる可能性がある。ICTは、さまざまなアクターの行動に影響を及ぼし、アクター同士の相互作用にも影響を及ぼすであろう。

ICTが本来もっている特徴は、ネットワーク化できる点である。アクター同士が双方向性を保ち、ネットワーク化することで、これまでとは異なるつながりがもたらされる可能性がある。

しかし、アクターがそれぞれ異なるICT利用の仕方であるため、ネットワーク化が進んでいないのが現状である。たとえば、政府や地方自治体がホームページを通じた行政サービスを行ったり、地方議員が自らのホームページやメールマガジンを通じて政治活動を行ったり、NPOが組織としての活動において、電子メールやメーリングリスト、ホームページを利用している。

個々にＩＣＴを利用しているようでは、ＩＣＴの特性であるネットワーク化やコミュニケーションの双方向性は限定され、使途もおのずと制限されてしまう。そうだとすれば、宝の持ち腐れである。

ｅガバメントでは、少なくとも、行政と一般の人々との関係がＩＣＴを通じて構築される。しかし、ｅガバメントの段階では、行政からの一方向的な関係に留まりかねない。そのため、ＩＣＴの利点を十分に生かしきれているとはいえない。

それに対して、ｅデモクラシーは、行政以外の領域も視野に入れた、より広範囲なものである。そこでは、一般の人々の役割も重要になり、人々が中心に位置し、それを取り囲むかたちで、さまざまなアクターが位置する。アクター同士の連携により、一方向的ではなく、双方向的な関係が構築されるだろう。

したがって、行政の領域に加え、政治の領域でも電子化が実現することにより、既存の民主主義は、さらにバージョンアップする可能性をもつ。すべてのアクターの相互作用が実際には夢物語だと批判されたとしても、「ｅ」のなかったこれまでと、「ｅ」がついたこれからでは、少なくとも可能性のレベルは大きく異なる。

ｅガバメントかｅデモクラシーかという二者択一を行おうというのではない。むしろｅガバメントからｅデモクラシーへの変化を連続性のあるものとして、積極的に捉える必要がある。そう考えると、本書の各章において論じられるように、ｅガバメントからｅデモクラシーへの電子化の広がりは、今までにも増して、民主主義の新しい可能性を示唆しているといえるのではないだろうか。

注

(1) Peter M. Shane, 'Introduction : The Prospects for Electronic Democracy,' in Peter M. Shane (ed.), *Democracy Online : The Prospects for Political Renewal Through the Internet*, Routledge, 2004, pp. xi-xx.

(2) 電子会議室について紹介したものは、いくつか刊行されている。㈱NTTデータシステム科学研究所企画／金安岩男・長坂俊成・新開伊知郎編『電子市民会議室のガイドライン——参加と協働の新しいかたち』学陽書房、二〇〇四年。金子郁容・藤沢市市民電子会議室運営委員会編『eデモクラシーへの挑戦——藤沢市市民電子会議室の歩み』岩波書店、二〇〇四年。

(3) Jennifer Stromer-Galley, 'Democratizing Democracy : Strong Democracy, US Political Campaigns and the Internet,' in Peter Ferdinand (ed.), *The Internet, Democracy and Democratization*, Frank Cass, 2000, pp. 36-58.

(4) 政治発展論の簡単な紹介については、たとえば、次のテキストを参照。岩崎正洋・木暮健太郎「政治発展論」河野勝・岩崎正洋編『アクセス比較政治学』日本経済評論社、二〇〇二年、七一—九一頁。併せて、以下も参照されたい。岩崎正洋『政治発展と民主化の比較政治学』東海大学出版会、二〇〇六年。

(5) Ian Budge, *The New Challenge of Direct Democracy*, Polity Press, 1997.（杉田敦・上田道明・大西弘子・松田哲訳『直接民主政の挑戦——電子ネットワークが政治を変える』新曜社、二〇〇〇年）

(6) Robert A. Dahl, *On Democracy*, Yale University Press, 1998.（中村孝文訳『デモクラシーとは何か』岩波書店、二〇〇一年）

(7) *Ibid.*（同書、一四五頁）

(8) *Ibid.*（同書、一四八—一四九頁）

(9) 現代の民主主義理論については、たとえば、以下を参照。岩崎正洋「民主化研究における地域研究と現代政治学の役割」岸川毅・岩崎正洋編『アクセス地域研究I――民主化の多様な姿』日本経済評論社、二〇〇四年、二〇一―二二七頁。岩崎正洋「政治学の一分野としての地域研究」小川有美・岩崎正洋編『アクセス地域研究II――先進デモクラシーの再構築』日本経済評論社、二〇〇四年、二三七―二四六頁。

(10) 「高度情報通信ネットワーク社会推進戦略本部（IT戦略本部）」については、首相官邸のホームページで詳細な情報が提供されている。http://www.kantei.go.jp/jp/singi/it2/

(11) 岩崎正洋・佐川泰弘・田中信弘編『政策とガバナンス』東海大学出版会、二〇〇三年。

(12) この点については、㈱NTTデータ技術開発本部システム科学研究所と杏林大学総合政策学部岩崎正洋研究室による「情報化社会における地方自治のあり方」という共同の全国調査の結果で明らかになった。調査結果の概要は、ウェブでも公開されている同研究所の機関紙『コンセンサス・コミュニティ』に掲載されている。
http://www/riss-net.jp/index.html

第2章 日本の電子政府・電子自治体

1 IT基本戦略

ＩＣＴの発達により、社会のさまざまな側面が変化し、人々の行動も変化した。人々の行動が変化するとともに、人々の価値観も変化する。社会のなかで、政治や行政だけが変化を拒絶し、何も変わらずにいることはできない。

人々の行動や価値観が変化する以上、政治や行政に対する人々のかかわり方も、これまでとは異なってくる。現実の政治や行政において、どのような変化がみられたかという点について、ここでは、電子政府の構築へ向けた取り組みに焦点を絞り、大まかな流れを概観する。

日本では、一九九四年八月二日に、高度情報通信社会推進本部を内閣に設置することが閣議決定された[1]。高度情報通信社会推進本部は、「我が国の高度情報通信社会の構築に向けた施策を総合的に推進するとともに、情報通信の高度化に関する国際的な取り組みに積極的に協力する」ために、内閣総理大臣を本部長として設けられた。

同年一二月二五日には、「行政情報化推進基本計画」が閣議決定され、一九九七年一二月二〇日には、「行政情報化推進基本計画の改定について」が閣議決定された。

一九九五年二月二一日に、高度情報通信社会推進本部は、「高度情報通信社会に向けた基本方針」を決定した。そこでは、かつての市民革命や産業革命に匹敵するほどの新しい革命として、「情報革命」ともいえる潮流が生じたことで、高度情報通信社会がもたらされたという指摘がなされている。それにともない、情報通信インフラ整備の必要性や、それに向けた政府や民間部門の取り組みが必要になっていることも強調されている。

当面対応すべき具体的な政策課題としては、(1)公共分野の情報化等（公共分野のアプリケーションの開発・普及等）、(2)情報通信の高度化のための諸制度の見直し、(3)ネットワークインフラの整備、(4)情報化の進展に対応した著作権等の施策の展開、(5)セキュリティ対策、プライバシー対策、(6)相互運用性・相互接続性の確保、(7)ソフトの供給、(8)基礎的な技術開発、(9)人材の育成などが挙げられていた。

とりわけ、公共分野の情報化等（公共分野のアプリケーションの開発・普及等）に関しては、行政の情報化という点に重点が置かれている。この点は、後の電子政府構築へ向けた取り組みと関連してくる。この時点ではまだ、「電子政府」という言葉そのものが使用されておらず、「電子的な政府」という表現が用いられているに過ぎない。

行政の情報化は、「行政の事務・事業及び組織を改革するための重要な手段であり、その積極的な推進を図ることにより、国民の立場に立った効率的・効果的な行政の実現につながるものである」ため、「行政のあらゆる分野において、情報システムの利用を行政の組織活動に不可欠なものとして定着させ、行政内部のコミュニケーションの円滑化、情報の共有化による政策決定の迅速化等の行政運営の質的向上と、国民への情報提供の高度化、行政手続の効率化等の行政サービスの向上を図るため、セキュリティの確保等に留意しつつ、『紙』による情報の処理からネットワークを駆使した電子化された情報の処理へ移行」することにより、「電子的な政府」の実現を目指すことが謳われている。

この時点ではまだ、職員一人ひとりにパソコンを整備することや、行政事務における文書の作成や保管といった事務処理のための情報システム化の必要性、省庁間のデータベース整備、行政手続の電子化などが具体的な取り組みとして挙げられていた。明確に「電子政府」の構築が目標として掲げられていたのではなく、行政の情報化により、「電子的な政府」が実現するという可能性を模索していた段階であった。

今から考えると、当時のＩＣＴの利用は、かなり初歩的な状況にあったといえる。職員一人ひとりがパソコンをもつかどうかという程度のことが議論されていた時期であり、パソコンの普及率や利用率という点から考えても、今とは比べものにならない状況であった。

その後、一九九八年一一月九日に、高度情報通信社会推進本部は、「高度情報通信社会推進に向けた基本方針」を決定した。基本方針のタイトルに使われ、組織の名称にもつけられている「高度情報通信社会」とは、「人間の知的生産活動の所産である情報・知識の自由な創造、流通、共有化を実現し、生活・文化、産業・経済、自然・環境を全体として調和し得る新たな社会経済システム」のことである。「デジタル革命」により、従来のシステムとは異なる社会経済システムが誕生することになった。

それにともない、政府の役割も民間部門の役割も変化し、さまざまな政策課題に直面することになった。高度情報通信社会の実現に向けた課題と対応として挙げられたものは、(1)電子商取引等推進のための環境整備、(2)公共分野の情報化、(3)情報通信の高度化のための諸制度の見直し、(4)情報リテラシーの向上、人材育成、教育の情報化、(5)ネットワークインフラの整備、(6)基礎的・先端的な研究開発、(7)ハイテク犯罪対策・セキュリティ対策・プライバシー対策、(8)ソフトウェアの供給、(9)コンテンツの充実、(10)相互運用性・相互接続性の確保などであった。

電子政府の構築へ向けた取り組みも、その文脈においてみられる。具体的には、二番目に挙げられている「公共分野の情報化」と、三番目の「情報通信の高度化のための諸制度の見直し」が電子政府構築を目指したものとなっている。公共分野の情報化に関する基本的な考え方として、次のような説明がなされている。

「公共分野の情報化は、政府自身の情報化による行政サービスのコスト低減や国民の利便性の向上に資するものであり、社会経済全体の情報化を進める上でも重要な役割を担っている。また、政府自らがユーザとして先進的アプリケーションの導入を行うとともに、行政、教育、交通等公共サービスの基礎となる情報通信システムの関係省庁一体となった効率的な研究開発を行い、国民誰もが充実した公共サービスを享受できるようにすることが必要である。さらに今後、公共分野の情報化をより一層効果的なものとするためには、各省庁、地方公共団体等が連携して総合的・計画的に取組むことが必要である」。

そこで、①行政の情報化、②文化・スポーツ分野の情報化、③研究分野の情報化（学術の情報化を含む）、④保健・医療・福祉分野の情報化、⑤道路・交通・車両分野の情報化、⑥公共輸送分野の情報化、⑦防災・気象分野の情報化、⑧環境分野の情報化、⑨労働・雇用分野における情報化、⑩地理情報システム（ＧＩＳ）の整備・相互利用の推進といった具体的な項目が示されている。

また、情報通信の高度化のための諸制度の見直しには、書類の電子データによる保存の促進や、申告、申請手続の電子化・ペーパーレス化を図ることなどが推進されるべき事項として示されている。

「高度情報通信社会推進に向けた基本方針」は、当面の目標として、次の四つを掲げている。この内容は、その後の日本におけるＩＣＴ政策に関連したものとなっており、当時の基本方針が受け継がれてきたといえる。

①電子商取引の本格的な普及に向けて、解決すべき課題について必要な検討を行い、所要の措置を講ずる。
②公共分野の情報化に向けて、政府として積極的な取組を行う。
③高度情報通信社会の発展を支える人材の育成や情報リテラシーの向上を図る。
④電子商取引等の普及や情報通信の高度化・多様化・パーソナル化へのニーズに対応した情報通信インフラの基盤整備を民間事業者の活力を生かして促進する。

なお、情報通信関連技術の急速な進展等に鑑みて、遅くとも二〇〇一年度末までには、基本方針の見直しを行うという一文も加えられており、この時点での方針が硬直したものではないことが示されていた。

その後、二〇〇〇年七月七日には、情報通信技術戦略本部を内閣に設置、IT戦略会議を設置することが決まった(2)。

同年一一月二七日に、IT戦略会議は、「IT基本戦略(3)」を決定した。「IT基本戦略」の冒頭では、次のように述べられている。

「我が国は、二一世紀を迎えるにあたって、すべての国民が情報技術（IT）を積極的に活用し、かつその恩恵を最大限に享受できる知識創発型社会の実現に向けて、既存の制度、慣行、権益にしばられず、早急に革命的かつ現実的な対応を行わなければならない。超高速インターネット網の整備とインターネット常時接続の早期実現、電子商取引ルールの整備、電子政府の実現、新時代に向けた人材育成等を通じて、市場原理に基づき民間が最大限に活力を発揮できる環境を整備し、我が国が五年以内に世界最先端のＩＴ国家となることを目指す」[4]。

それに続いて「基本理念」は、ＩＴ革命の歴史的意義、各国のＩＴ革命への取り組みと日本の遅れ、基本戦略という三点から詳しく説明されている[5]。

ＩＴ革命の歴史的意義は、ＩＴ革命が一八世紀の産業革命に匹敵するほどの歴史的大転換を社会にもたらそうとしており、人と人との関係、人と組織との関係、人と社会との関係を大きく変えることである。そのため、「知識の相互連鎖的な進化により高度な付加価値が生み出される知識創発型社会に急速に移行していく」というのである。

ＩＴ革命後は、知識創発のための環境整備をいかに行うかが二一世紀の国際競争優位の立場を決定づける。そのため、欧米をはじめ、アジア諸国では、ＩＴ基盤の構築を国家戦略として採用しているが、日本では大きな遅れをとっている。そこで必要になるのが、国家戦略であり、次に引用するような「目指すべき社会像」である。

「我が国は、国家戦略を通じて、国民の持つ知識が相互に刺激し合うことによって様々な創造性を生み育てるような知識創発型の社会を目指す。ここで実現すべきことの第一は、すべての国民が情報リテラシーを備え、地理的・身体的・経済的制約等にとらわれず、自由かつ安全に豊富な知識と情報を交流し得ることである。第二は、自由で規律ある競争原理に基づき、常に多様で効率的な経済構造に向けた改革が推進されることである。そして第三は、世界中から知識と才能が集まり、世界で最も先端的な情報、技術、創造力が集積・発信されることによって、知識創発型社会の地球規模での進歩と発展に向けて積極的な国際貢献を行なうことである[6]」。

「IT基本戦略」は、知識創発型社会を実現するために、新しいIT国家基盤として、①超高速ネットワークインフラ整備及び競争政策、②電子商取引と新たな環境整備、③電子政府の実現、④人材育成の強化という四つの重点政策分野に取り組む必要性を指摘している。すでに、この段階において、「電子政府」という言葉が使用されており、重点政策分野の一つとして位置づけられていたのである[7]。

日本における電子政府構築への取り組みが本格化するのは、翌年以降のことになるが、「IT基本戦略」で取り扱われている論点は、その後の方向性を明確に示したものである。内容をみると、日本のICT政策に関して、決して無視することのできないものとして位置づけることができる。

2　IT基本法

時期的に重なるが、二〇〇〇年一一月二九日には、「高度情報通信ネットワーク社会形成基本法(以下、IT基本法)」が定められた[8]。時系列的には、「IT基本戦略」が決定された二日後にIT基本法は成立している。同法は、ICTの普及した社会への対策を講じようとしたものであり、それ以降のさまざまな取り組みの法的根拠として、出発点に位置づけられる。

ＩＴ基本法は、高度情報通信ネットワーク社会の到来を想定している。同法によれば、高度情報通信ネットワーク社会とは、「インターネットその他の高度情報通信ネットワークを通じて自由かつ安全に多様な情報又は知識を世界的規模で入手し、共有し、又は発信することにより、あらゆる分野における創造的かつ活力ある発展が可能となる社会」のことである。

人々は、さまざまな場面でＩＣＴを利用し、これまでとは異なるメリットを享受するようになる。このような社会の形成にあたっては、国・地方自治体と民間との役割分担がなされる。原則的には、民間が主導的な役割を担うことになる。

それに対して、国や地方自治体は、「公正な競争の促進、規制の見直し等高度情報通信ネットワーク社会の形成を阻害する要因の解消その他の民間の活力が十分に発揮されるための環境整備等を中心とした施策を行うもの」となっている。

そのため、民間部門で着々とＩＣＴ化が進み、人々を取り巻く環境が変化しつつあるのは、当然のことといえる。また、かつてのように、あらゆることが官主導で行われていた時代とは異なり、官民の役割分担に変化がみられる現在では、ＩＴ基本法で述べられているようなかたちでの役割分担は、現実社会に適合したものとなっている。

もちろん、国は、基本理念に則った施策を策定し、地方自治体は、国との役割分担をふまえて、特性を生かした自主的な施策を策定し、実施するという役割をもっている。同法によれば、国レベルでは、内閣に「高度情報通信ネットワーク社会推進戦略本部（ＩＴ戦略本部）」を設置し、内閣総理大臣を本部長とすることになっている[9]。

ＩＴ戦略本部が二〇〇一年一月に発表した「e-Japan 戦略[10]」は、ＩＴ基本法の内容を受けたものである。

3　e-Japan 戦略

ＩＴ戦略本部は、e-Japan 戦略のなかで、「我が国が五年以内に世界最先端のＩＴ国家となることを目指す[11]」と宣言した。e-Japan 戦略が決定されたのは、二〇〇一年一月二二日のことであった。当時の現状認識は、日本のＩＴ革命への取り組みは大きな遅れをとっており、インターネットの普及率は低く、アジア太平洋地域のなかでも決してＩＴ先進国ではないというものであった[12]。また、行政はもちろん、ビジネスの分野でも遅れをとっているという認識であった。

そのため、ＩＴ革命に対応した国家戦略の必要性が叫ばれ、「知識創発型の社会」の実現が目標として掲げられた。知識創発型の社会は、教育、芸術・科学、医療・介護、就労、産業、環境、生活、移動・交通、社会参加、行政などの分野にわたって、具体的なイメージが描かれたものである。

その実現のためには、まず、ＩＴ国家基盤として、「①超高速ネットワークインフラ整備及び競争政策、②電子商取引と新たな環境整備、③電子政府の実現、④人材育成の強化」という四つの重点政策分野に集中的に取り組む必要があるとされた。そのなかでも、電子政府の構築を明確に謳っているのは三番目の項目であり、ここで注意を払うべき内容である。

この点は、すでにIT基本法のなかでも、第二〇条で、「高度情報通信ネットワーク社会の形成に関する施策の策定に当たっては、国民の利便性の向上を図るとともに、行政運営の簡素化、効率化及び透明性の向上に資するため、国及び地方公共団体の事務におけるインターネットその他の高度情報通信ネットワークの利用の拡大等行政の情報化を積極的に推進するために必要な措置が講じられなければならない[13]」とされている。

e-Japan戦略の基本的な考え方では、「電子政府は、行政内部や行政と国民・事業者との間で書類ベース、対面ベースで行われている業務をオンライン化し、情報ネットワークを通じて省庁横断的、国・地方一体的に情報を瞬時に共有・活用する新たな行政を実現するものである[14]」。

電子政府は、誰にとっても、国や地方自治体が提供する全サービスを時間的にも地理的にも制約なく活用できるようにし、快適・便利な国民生活や産業活動の活性化を実現することになる。自宅や職場からインターネット経由で、すべての行政手続が二四時間いつでも受け付けられ、国民や企業の利便性が飛躍的に向上する。

さらに、目標としては、「文書の電子化、ペーパーレス化及び情報ネットワークを通じた情報共有・活用に向けた業務改革を重点的に推進することにより、二〇〇三年度には、電子情報を紙情報と同等に扱う行政を実現し、ひいては幅広い国民・事業者のIT化を促す[15]」ことが掲げられていた。

そのためには、①行政（国・地方公共団体）内部の電子化、②官民接点のオンライン化、③行政情報のインターネット公開、利用促進、④地方公共団体の取組み支援、⑤規制・制度の改革、⑥調達方式の見直しなどの具体的な推進すべき方策が提示された。

実は、e-Japan戦略の中身は、IT戦略本部の前身ともいえるIT戦略会議が二〇〇〇年一一月二七日に決定した「IT基本戦略」とほぼ重なる内容である。IT戦略会議とIT戦略本部との関係や、IT基本戦略とe-Japan戦略の発表された時期がほとんど同時期であることを考慮すると、その点もうなずける。IT基本法の成立が間に入るが、同法の成立が一つの分岐点となり、その後の日本におけるICT政策の方向性が描かれてきたのである。

IT基本法と、それに続くe-Japan戦略をみると、そこで述べられている電子政府とは、あくまでも行政の電子化に過ぎないものであった。電子政府の実現によって国民や企業にもたらされるメリットが示されていたとはいえ、いずれも行政の分野に限られており、行政からの一方向的なものであった。

二〇〇一年の時点ではまだ、電子政府という制度構築の段階に過ぎなかった。いわば、ハードの構築段階に過ぎなかったのである。

4　e-Japan戦略II

二〇〇三年七月二日には、IT戦略本部が「e-Japan戦略II」(16)を発表した。そのなかでは、IT

の戦略的な利活用を軸として、新たな価値に基づいた社会を築き上げる挑戦に立ち向かわなければならないとされ、「元気・安心・感動・便利」社会を目指すとされている。

e-Japan戦略IIは、日本におけるIT戦略の第二期の改革の青写真として位置づけられている。二〇〇一年のe-Japan戦略はIT基盤整備の段階であり、e-Japan戦略IIはIT利活用の段階に位置する。これらの戦略によって、IT戦略本部は、「五年以内(二〇〇五年)に世界最先端のIT国家となる」という大目標を実現するとともに、二〇〇六年以降も世界最先端であり続けることを目指すとしている。

目標とする時期が近づいたため、IT戦略本部は、e-Japan戦略IIのなかで、より具体的な施策を提示した。具体的には、「民を主役に官が支援する七つの先導的取り組み」として、医療、食、生活、中小企業金融、知、就労・労働、行政サービスなどがある。

七つの取り組みについて、各キャッチフレーズに注目すると、次のようになる。

①医療=患者を中心に医療機関が連携。安価・安心・安全な医療で健康増進。

②食=産地から食卓までを信頼で繋ぐ。美味を楽しむだけでなく、作り方、運び方、売り方など、全てを知って安心な食生活。

③生活=一人暮らしでも一人じゃない。ITで実現する見守り・温もり・便利なくらし。

④中小企業金融=中小企業の資金効率を向上させ、積極的に事業展開。

⑤知=育て!人材、進め!コンテンツ立国。日本発の「知」が世界を駆けめぐる。

⑥就労・労働＝職探しもワークスタイルも意のままに。労使・家庭、双方幸せに。
⑦行政サービス＝重複投資は徹底排除、行政の透明性を高め、民の参画を促進。
いずれの取り組みについても、ＩＣＴを積極的に活用することで、これまでとは異なる取り組みを図ることができる点を全面的に打ち出している。一つ一つの取り組みを実現するには、一方で、国レベルでの法制度の整備が必要になる場合があるとしても、他方では、地方レベルでのきめ細かな対応が必要になる。それにともない、コミュニティでのＩＣＴの活用が非常に重要になる。

e-Japan戦略Ⅱでは、電子政府・電子自治体といった行政側でのＩＣＴの活用だけではなく、これまで以上に民の側でのＩＣＴの活用を意識した取り組みが示されている。七つの取り組みの実施にあたっては、民を主役にし、官が支援するという図式が考えられている以上、企業やＮＰＯの役割が前面に出てくる。

同時に、七つの取り組み内容をみると、一人ひとりの国民（市民・住民）が日常的にＩＣＴを利用するという前提に立っていることがわかる。そこから明らかになるのは、e-Japan戦略の段階よりもさらに進んだかたちで、ＩＣＴが人々の参加の手段や機会として位置づけられていることである。

たとえば、行政サービスの取り組みだけをみても、明らかに広がりをみせている。具体的にいえば、「国民が必要な時に政治、行政、司法部門の情報を入手し、発言ができるようにすることで、広く国民が参画できる社会を形成する」[17]とされており、国民が一方的に受身の立場に立つのではなく、能動的に発言する立場に立ち、参加できる点を示唆している。この点は、行政の電子化という意味での電子政府構築という段階からさらに進んだ段階を意味しており、eデモクラシーの可能性を示している。

IT戦略本部は、その他にも、さまざまな政策を打ち出している。

二〇〇一年一月にe-Japan戦略を決定し、三月二九日には「e-Japan重点計画」[18]を決定した。この後、いくつかの「重点計画」が決定されたが、これらは、IT基本法とe-Japan戦略を受け、その時々の個別の施策内容を具体的に取り扱ったものである。

IT戦略本部は、e-Japan重点計画を決定した後、二〇〇二年六月一八日に「e-Japan重点計画——二〇〇二」[19]を決定した。

重点計画とは別に、その都度、関連する施策も検討され、決定されている。

二〇〇一年六月二六日には、「e-Japan二〇〇二プログラム」[20]が決定された。同年一一月七日には、「e-Japan重点計画、e-Japan二〇〇二プログラムの加速・前倒し」[21]が決定された。

二〇〇三年七月二日には、すでに紹介した「e-Japan戦略II」が決まった。同年八月八日に「e-Japan重点計画——二〇〇三」[22]、二〇〇四年二月六日には「e-Japan戦略II加速化パッケージ」[23]が明らかになった。

二〇〇四年は、さらに動きがあり、六月一五日に「e-Japan重点計画——二〇〇四」[24]、九月一〇日に「IT国際政策の基本的考え方」[25]、一二月七日に「情報セキュリティ問題に取り組む政府の役割・機能の見直しに向けて」など立て続けに政策が示された(26)。

これまでに決定された政策は、大きく分けると、三つの段階を経ている。

まず、ＩＴ基本法を受けてつくられた「e-Japan 戦略」を軸に、「e-Japan 重点計画」、「e-Japan 重点計画―二〇〇二」へ至る二〇〇一年から二〇〇二年までの期間である。この時期は、インフラなどの基盤整備の段階である。

次いで、二〇〇三年は、「e-Japan 戦略Ⅱ」を軸に、「e-Japan 重点計画―二〇〇三」が出された。この時期は、七つの分野でのＩＴ利活用の先導的な取り組みを重視した段階である。

二〇〇四年には「e-Japan 戦略Ⅱ加速化パッケージ」を軸に、「e-Japan 重点計画―二〇〇四」で、ＩＴ国家到達への重点施策の明確化が一段と進んだ。「e-Japan 重点計画―二〇〇四」のなかでは、二〇〇五年の目標達成を確実にする施策として、①加速化五分野、②先導的七分野、③インフラについて取り扱われている。

加速化五分野は、アジアを中心とする国際政策、セキュリティ、コンテンツ、ＩＴ規制改革、電子政府・電子自治体などである。先導的七分野は、e-Japan 戦略Ⅱで提示された七つの分野である。

さらに、二〇〇六年以降に向けた布石としても、国際政策、情報セキュリティ、人材・教育、電子商取引等、コンテンツ、行政の情報化、研究開発、インフラなどの分野が考えられていた。

5　IT新改革戦略

ＩＴ戦略本部が「我が国が五年以内に世界最先端のＩＴ国家となる」と高らかに宣言したのが二〇〇一年一月のことであるから、二〇〇五年は目標達成の年にあたる。日本は、本当に世界最先端のＩＴ国家となったのだろうか。

ちょうど五年目にあたる節目の年である二〇〇五年二月二四日に、ＩＴ戦略本部は、「ＩＴ政策パッケージ――二〇〇五」[27]を決定した。そのなかでは、政策名の「ＩＴ政策パッケージ――二〇〇五」に続いて、「世界最先端のＩＴ国家の実現に向けて」という副題がつけられており、目標達成の年に発表する政策であることが意識されている。

この政策は、行政サービス、医療、教育・人材、生活、電子商取引、情報セキュリティ・個人情報保護、国際政策、研究開発などの八分野からなっている。各分野について、施策にあたって担当する省庁が明示されており、いつまでに何を行うかという点についても言及されている。その意味では、かなり詳細にふみ込んだ内容だといえる。

たとえば、行政サービスの分野では、まず、電子政府の推進が掲げられている。そのなかでもとりわけ、「年間申請件数の多い（年間申請件数一〇万件以上）手続、企業が行う頻度の高い手続、オンライン利用に関する企業ニーズの高い手続等のオンライン利用促進に向けた取組」について、

「添付書類のオンライン化」は法務省と財務省、「オンライン利用の処理期間の短縮及び手数料の低減等」は全府省、「二四時間三六五日ノンストップサービスへ向けた取組」は法務省と財務省などといったかたちで、担当が明示されている。

八つの分野で提示されている個々の施策すべてについて、同様に取り扱われている。

二〇〇〇年のＩＴ基本法の成立から現在に至るまで、日本では、対象となる分野を徐々に広げ、さまざまな政策を作成してきた。たとえば、時代の流れも考慮して、「ＩＴ政策パッケージ――二〇〇五」のなかでは、遠隔医療をはじめ、偽造カードやフィッシングなどのＩＣＴによる社会問題や、災害時のＩＣＴ利用などにも言及されている。

これまでの過程をふりかえると、ＩＣＴの普及に対応した法律の整備、総花的な政策内容の決定という段階から、現在のように、具体的な政策内容の検討はもちろん、政策の決定と実施の段階へと歩を進めてきていることがわかる。一連の過程のなかで、国や地方自治体のみが主導的な役割を担うのではなく、むしろ民間が主導的な役割を担うことにより、政策の実施が順調になされる場面もあると考えられる。あるいは、官民が一体となってこそ実現しうる政策も数多く存在する。

二〇〇六年一月一九日に、ＩＴ戦略本部は、「ＩＴ新改革戦略――いつでも、どこでも、誰でもＩＴの恩恵を実感できる社会の実現(28)」を決定した。副題に「いつでも、どこでも、誰でもＩＴの恩恵を実感できる社会の実現」と謳っていることから明らかなように、それまでのインフラ整備の段階から次なる段階への移行を意識している。

ＩＴ新改革戦略においては、「ＩＴ戦略本部は、本戦略を確実に遂行することで、世界に先駆けて二〇一〇年度にはＩＴによる改革を完成し、我が国は持続的発展が可能な自律的で、誰もが主体的に社会の活動に参画できる協働型のＩＴ社会に変貌することを宣言する」(29)と謳われている。

ＩＴ新改革戦略は、二〇〇一年のe-Japan戦略から五年が経過したことを意識した内容となっていることがわかる。e-Japan戦略から五年、さらに、ＩＴ新改革戦略から五年目の二〇一〇年という区切りは、一連の政策の流れを受け継いでいることを物語っている。

「はじめに」において、次のようにe-Japan戦略からの五年間が特徴づけられている。

「e-Japanを推進してきた五年間、我が国はＩＴ戦略を構造改革と一体として進めてきた。構造改革を進めＩＴ化を妨げる社会的制約を取り除くことにより、ＩＴ化は一挙に進展する。他方、ＩＴを活用し仕事の形や生活のありようを変えていくことが構造改革へと拡がっていく。このように構造改革とＩＴ化は社会の改革の両輪をなすものであり、このふたつが一体化することにより社会の変革が進んでいく」。

そのため、新たな戦略においては、ＩＴによる改革の仕上げのための取り組みと、そのための基盤整備が課題となる。そこで重要になるのは、ＩＴのもつ構造改革力であり、これまでのＩＴ基盤の確立や普及からＩＴの高度な利活用へと進めていくことである。「ＩＴを高度に利用し始めると、その利用する人々の仕事や生活の慣行が大きく変わらざるを得なくなることが多い。ＩＴを利用するためのシステムの導入が、そのシステムを使えるように、あるいは有効利用するように人々をし向けるからである。そしてそうした変化は、しばしば既存の構造や利害関係にも変化を迫る。それがＩＴの構造改革力である」。

重点的に取り組む政策には、大別すると、三つの政策群がある。

第一に、ＩＴの構造改革力を追求し、日本社会の抱える課題解決をＩＴによって行おうとする政策群である。これには、まず、日本が世界に先駆けて直面する課題をＩＴによって解決するための取り組みとして、ＩＴによる医療の構造改革、ＩＴを駆使した環境配慮型社会の実現がある。次に、安全で安心に暮らせる社会を実現するための取り組みとしては、ＩＴによる防災・治安・食の安全・安心という点から世界に誇れる安全で安心な社会、交通事故死者数五〇〇〇人以下とする達成目標を掲げた世界一安全な道路交通社会などが挙げられている。さらに、行政・企業・個人が効率的かつ意義深く活動するための取り組みとして、世界一便利で効率的な電子行政、ＩＴ経営の確立による企業の競争力強化、生涯を通じた豊かな生活の実現を目指している。

第二に、ＩＴの構造改革力を支えるとともに、ユビキタスネットワーク社会に向けた基盤整備を行うための政策群がある。このような取り組みには、ユニバーサルデザイン化されたＩＴ社会、「いつでも、どこでも、何でも、誰でも」使えるデジタル・デバイドのないインフラの整備のように、情報格差のないＩT社会の構築とユビキタスネットワークの高度化に向けた取り組みを第一に挙げることができる。次に、世界一安心できるＩＴ社会のために、安心してＩＴを使える環境の整備に向けた取り組みがある。第三に、次世代を見据えた人的基盤づくり、世界に通用する高度ＩＴ

人材の育成といったように、ＩＴ社会を根底から支える人材の育成についての取り組みがある。第四に、ＩＴ社会を支える研究開発を我が国が先導するための取り組みとして、次世代のＩＴ社会の基盤となる研究開発の推進が挙げられる。

第三に、構造改革力の追求とそれを支える基盤の整備という二つの政策群を通じて達成される成果を日本から世界へ発信するという国際貢献のための政策群がある。それには、国際競争社会における日本のプレゼンスの向上のための取り組み、課題解決モデルの提供によるアジア等への貢献のための取り組みが挙げられる。

ここでは特に、電子政府に関連している第一の政策群のなかで、「世界一便利で効率的な電子行政」について注目する。現状と課題として挙げることができるのは、まず、電子政府構築へ向けた取り組みが徐々に進展した結果、国の扱うほとんどの手続きがインターネット申請可能となったが、必ずしも利用者の利便性を考慮したものではないため、利用は必ずしも進んでいない状況であることである。また、国レベルでの整備が進んでいるとはいえ、地方レベルの進捗度が低いため、住民サービスに直結していないという問題もある。さらに、政府のレガシー・システムの見直しや、政府の全体のシステムの最適化などの問題も残っている。

そこで、行政分野におけるＩＴの活用により、国民の利便性の向上と行政運営の簡素化、効率化、高度化及び透明性の向上を図ることが、目標として掲げられることになる。具体的には、次の三点である。

第一に、「利便性・サービス向上が実感できる電子行政（電子政府・電子自治体）を実現し、国・地方公共団体に対する申請・届出等手続におけるオンライン利用率を二〇一〇年度までに五〇％以上とする」ことである。

第二に、「各府省における情報システム調達・評価体制を整備するとともに、IT戦略本部に政府全体の情報システムに対する評価体制を整備し、更なる政府全体の業務・システム最適化を図り、効率的な電子政府を実現する。また、地方公共団体においても同様の体制整備を促進する」ことである。

第三に、「国・地方公共団体のシステムについて、利用者利便性の向上に配慮しつつ、信頼性・安全性の確保、セキュリティ高度化を図るとともに、我が国の電子行政化を通じ、先端技術の育成、普及を進める」ことである。

さらに、このような目標を達成するために、実現に向けた具体策が一三項目にわたり、提示されている。

IT新改革戦略では、PDCAサイクルをふまえ、評価体制の確立を意識しており、重点政策については、評価専門調査会による評価結果をもとに政策の見直しがなされるようになっている。「世界一便利で効率的な電子行政」に関する政策についても、評価対象となり、具体的な評価指標としては、①申請・届出等におけるオンライン利用率、②申請・届出等に申請者が要する時間・費用、③政府のポータルサイトの利用件数、④情報システム関係経費の削減効果、業務処理時間・

定員の削減効果、⑤公共サービスにおけるＩＣカードの導入状況とこれを用いた公共サービスの向上の状況などの五つの点が挙げられている。

ここで示されたように、ＩＴ新改革戦略においては、個々の政策に関して、現状と課題の提示、課題の解決のための目標、そのための具体策、さらに評価基準というように、かなり具体的な姿を描くようになっている。これは、e-Japan 戦略より続く一連の政策の中身が変わってきていることを示している。電子政府の構築に向けた取り組みという点について、電子政府と電子自治体とを併せて「電子行政」という言葉で表現したのも、一見すると些細なことであるようにみえるが、政策の中身の変化として捉えることができる。

ＩＴ新改革戦略は、その副題の示すように、「いつでも、どこでも、誰でもＩＴの恩恵を実感できる社会の実現」を意識したものであり、それ以前の総論的な内容ではなく、個別具体的な内容を取り扱うようになっている。その結果、まさに「いつでも、どこでも、誰でも」がＩＣＴとかかわりあう社会の構築を目指していることが明らかになり、電子政府および電子自治体の構築も、その一環として捉えることができるようになったといえる。

同年七月二六日に、ＩＴ戦略本部は、「重点計画――二〇〇六」[30]を決定した。その内容は、ＩＴ新改革戦略を受けたものであるが、さらに、セキュリティの確保やプライバシーの保護といった点を重視しているところに特徴がある。たとえば、「高度で安全な電子行政の実現に向け、システムの信頼性・安全性の確保、セキュリティ高度化に向けた取組を推進する必要がある」という指摘がみられる。

また、「評価専門調査会に電子政府評価委員会を設けるなどの取組を進める」ことや、「電子政府については、本重点計画に基づき、CIO連絡会議の下、別途定める『電子政府推進計画（仮称）』に沿って各種施策を着実に実施する」ことが述べられている。その点から電子政府構築へ向けた取り組みに転機が訪れたといえるかもしれない。

二〇〇六年には、IT新改革戦略を受け、IT新改革戦略評価専門調査会がつくられた[31]。そのなかに電子政府評価委員会が設けられた[32]。同委員会の二〇〇六年度の報告書によれば[33]、初年度には、「各府省が行った自己評価や関係府省からのヒアリング等により国・地方公共団体の取組状況等を把握するとともに、㈳日本経済団体連合会を始めとする企業サイドや司法書士・税理士等の意見をヒアリング等で把握し、追加的なアウトカムや利用者の実感をパイロット調査（利用者実感等に関するアンケート調査）で補強することにより、現状把握を行」い、「現状の取組から見た課題を抽出し、その解決に向けた方向性について取りまとめ」、パイロット調査の際に、利用者の実感を計測するために用いた「実感指標」とその今後の活用のあり方について検討し、「今後の取組に当たって政府として特に留意すべき点を改めて指摘した」。

同委員会は、電子行政を評価するにあたり、①利用者視点に立った「見える化」と成果主義、②フロントオフィス改革とバックオフィス改革の連動強化、③オンラインに係る共通基盤の整備・普及、府省内・府省間連携、国・地方連携、官民連携による全体最適の実現という三点に注目した。

第一の点は、「世界一便利で効率的な電子行政」とはどのようなものであるかを利用者の目線で「見える化」していくことで、利用者視点の成果主義を貫くことである。第二の点は、フロントオフィスにおけるオンライン申請や届出などの手続の利便性を高めるためには、バックオフィスにおける業務プロセスの改革が必要となるため、それらを連動させていくことである。第三に、認証基盤、総合行政ネットワーク（LGWAN）などの標準型・共同型システムの利用推進を図ることや、情報システムのデータ標準化・コード体系の標準化や、共通基盤の整備・普及などにより、府省内・府省間連携、国・地方連携、官民連携を実現することである。

このような点から電子政府評価委員会は、二〇〇六年度の時点における「電子行政」の評価を行った。報告書では、引き続き、①利用者目線の見える化と業務・サービス改革、②フロントオフィス改革とバックオフィス改革の連動強化、③安全・安心で費用対効果の高い共通基盤の整備・普及、④利用者視点に立った成果主義の徹底などを、今後の取り組みにあたって留意すべき点として指摘している。

二〇〇七年になると、IT戦略本部は、四月五日に、「IT新改革戦略　政策パッケージ(34)」を決定した。そこでは、「IT新改革戦略の加速につながるドライビング・フォースとなり、また、我が国の新しい可能性を切り拓く改革や創造のエンジンとなる政策をIT戦略本部主導で推進し、我が国の新たな発展に向け克服すべき課題の正面突破を図るため、今後のIT政策に関する基本的な方向性を取りまとめた政策パッケージをここに策定する」と述べられており、具体的な政策というよりも、政策の方向性に重点が置かれてまとめられている。

七月二六日に、IT戦略本部によって決定された「重点計画――二〇〇七」[35]は、「IT新改革戦略と政策パッケージの趣旨を踏まえ、いつでも、どこでも、誰でもITの恩恵を実感でき、創造的かつ活力ある発展が可能となる社会を早期に実現する必要があり、そのためには施策の重点化が必要」であるという認識から策定されたものである。

とりわけ、電子行政に関しては、「国・地方の包括的な電子行政サービスの実現」が謳われている。「行政分野については、IT活用により行政運営の簡素化、効率化、及び透明性の向上を図るとともに、利用者の視点に基づき、利便性・サービス向上が実感でき、真にIT活用による便益を享受できるように、国・地方を含めたシームレスな電子行政の実現を目指すことが重要である」ため、「国民や企業にとって、飛躍的に簡素で便利、かつ効率的な行政サービスの実現に向け、国・地方の枠を超えた電子行政窓口サービスの展開を念頭に置き、利用者ニーズ等を的確に踏まえつつ、フロントオフィスとバックオフィス及びバックオフィス相互間の連携や民間手続との連携を図ることにより、様々な行政手続を基本的にワンストップで簡便に行える第二世代の電子行政サービス基盤の標準モデルを構築することを目指す」。

さらに、「並行して個人事業主等にとって使い勝手のよい、包括的な電子行政サービス利用に向けたソフトウェア・マニュアル等の策定のための環境整備を進める」ことで、「紙ベースの申請に対する電子申請の利便性の飛躍的高まりを国民・企業が実感できる環境を実現し、電子行政サービスが基本の社会の構築を一層推進する」ことが基本的な考え方として書かれている。
具体的な取り組みとしては、「国・地方の枠を超えた電子行政窓口サービス等の実現に向けた検討」と「包括的な電子行政サービス利用に向けたソフトウェア・マニュアル等の策定のための環境整備の推進」という二つが挙げられている。この内容は、IT新改革戦略においてみられた電子政府と電子自治体とを総合した言葉である「電子行政」に対する取り組みが進化したものとなっている。

重点計画における基本的な考え方をふまえ、一つは、国と地方の枠を超えた電子行政の実現にかかわるものを提示し、もう一つは、包括的な電子行政のための環境整備にかかわるものを提示している。その点から明らかなのは、「国・地方の包括的な電子行政サービスの実現」を目指した取り組みを行っていこうとする姿勢である。

二〇〇八年に、IT戦略本部は、いくつかの政策を決定した。まず、二月一九日には「ITによる地域活性化等緊急プログラム[36]」、六月一一日に「IT政策ロードマップ[37]」、八月二〇日に「重点計画――二〇〇八[38]」が決定された。

ITによる地域活性化等緊急プログラムは、完全に地域における取り組みに特化した内容であり、必ずしも行政サービスの電子化に限定されるものではない。電子自治体の進化という点では、このようなプログラムに示されている取り組みが徐々に普及し、定着していく必要がある。

IT政策ロードマップは、二〇一〇年を一つの区切りの時期として示したIT新改革戦略に掲げられた目標を確実に実現するとともに、二〇一〇年以降の取り組みも視野に入れてつくられた。IT政策ロードマップは、「それらを実現するための工程表」という性格のものである。

そこでは、(1)国民本位のワンストップ電子行政、医療・社会保障サービスの実現、(2)ITを安心して活用でき、環境に先進的な社会の実現、(3)「つながり力」発揮による経済成長の実現という三つの分野を強化分野として位置づけ、今後の方向性や具体的な段取りを示している。

とりわけ、電子行政については、現状、今後の方向性、工程表という三点からまとめられている。オンライン申請の利用は、経年でみると徐々に増加しているとはいえ、決して高い数字とはなっていない。オンライン利用率全体でみると、二〇〇五年度末が一一・三％であったものが、二〇〇六年度末は一五・三％へと上昇した。IT新改革戦略の掲げた目標が「オンライン利用率を二〇一〇年度までに五〇％以上とすること」であったのを鑑みると、厳しい現状にある。

また、電子行政の基盤になる住民基本台帳カードの普及率も低く、約一・八％に留まっている。オンライン利用の範囲も自治体ごとに異なっている状況にある。

そこで、「当面のオンライン利用拡大のため、電子政府推進の基礎となる認証基盤の改善・普及と併せて、オンライン利用拡大策の抜本的改善策を講じこれを着実に進めるとともに、従来までの発想を大きく転換し、次世代の電子行政サービスの実現に向けた取組を従来にないスピード感をもって、抜本的に強化する」ことが今後の取り組みとして述べられている。

その具体的なイメージとして、「ワンストップ電子行政サービス」の実現が挙げられる。それに

図3　国民本位の電子政府・電子自治体が目指すべき将来像

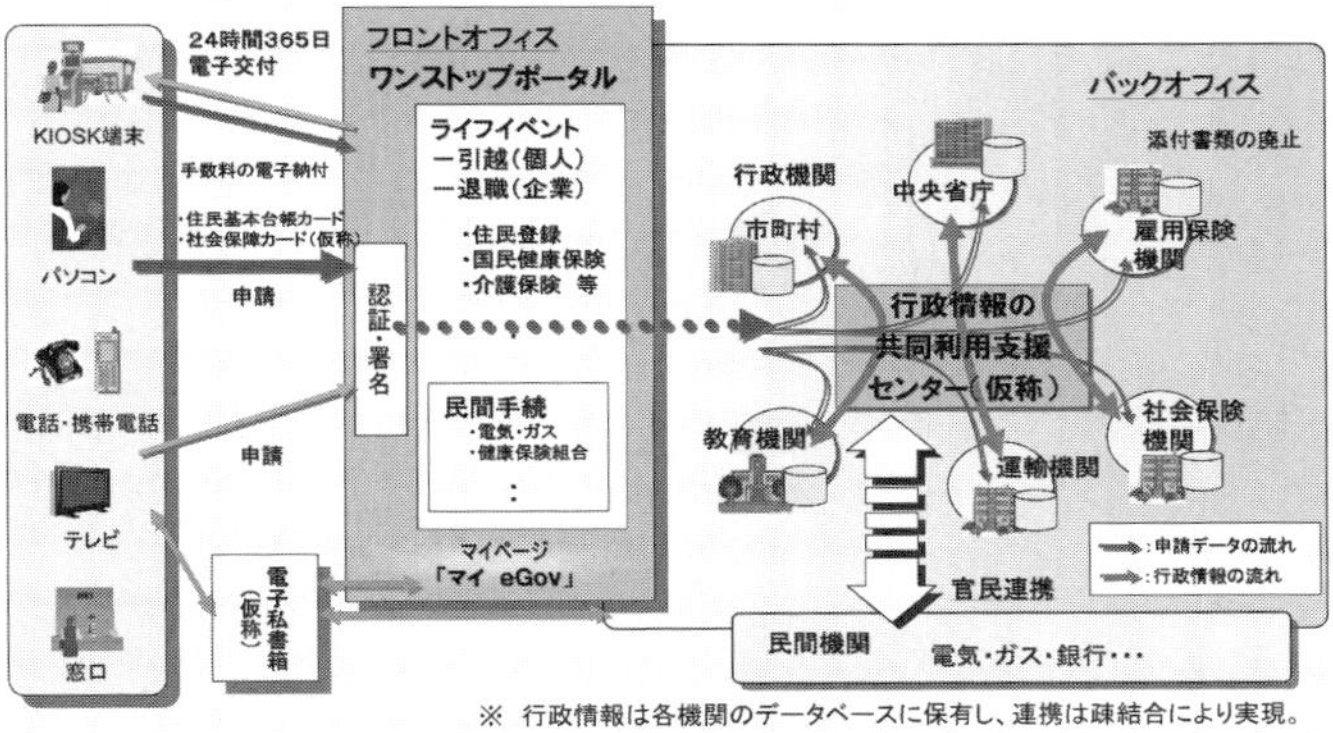

※　行政情報は各機関のデータベースに保有し、連携は疎結合により実現。

出所　「ＩＴ政策ロードマップ」
http://www.kantei.go.jp/jp/singi/it2/kettei/080611honbun.pdf

より、利便性、透明性、効率性の高い電子社会の構築を目指すことになる。「ワンストップ電子行政サービス」は、ライフイベントごとの複数の行政手続きが一か所で完結し、電子的処理のプロセスも「見える化」され、行政機関もバックオフィスの連携により効率化を図ることができる。

それに向けて、内閣官房、総務省、財務省、経済産業省及び全府省によるＩＴを活用した内部管理業務の抜本的効率化と、内閣官房、総務省、経済産業省及び関係府省による国民本位の電子政府・電子自治体サービスの推進という二つの取り組みによって、工程表が考えられている。

電子行政に関して、目標とする社会像が具体的に描かれたのは、これまでにあまりなかったが、ＩＴ政策ロードマップでは、「国民本位の電子政府・電子自治体が目指すべき将来像」という図に描かれているように、電子行政が普及した際の具体的なイメージを示しているところに特徴がある。

図3から明らかなように、国と地方自治体との連携だけで、目標とする社会が実現するわけではない。そこには、民間機関との連携も含まれており、さまざまなアクターによる協働がみられる。いいかえると、ガバナンスの実現を念頭に置いたものである。その点から出てくるのが、「eガバナンス（e-governance）」に関する議論である。

eガバナンスは、ガバナンスを行う際に、まさに「e」を利用しており、図で示されたような状況をイメージしている。これまで、電子政府や電子自治体といった電子行政は、行政サービスの電子化の部分に重点を置いてきており、政府ないし行政の電子化を意味する傾向が強かった。そのため、「eガバメント」という言葉で、電子政府も電子自治体も、さらには、電子行政も意味していた。

しかし、IT政策ロードマップで示された「国民本位の電子政府・電子自治体が目指すべき将来像」をみると、もはやeガバメントではなく、eガバナンスといえる統治のかたちがそこには企図されていることが明らかになったのである。

6　その後の展開

「ＩＴ新改革戦略」を受け、「重点計画――二〇〇六」が決定され、翌年には、ＩＴ新改革戦略を加速し、さらなる政策をまとめた「ＩＴ新改革戦略　政策パッケージ」とともに、「重点計画――二〇〇七」が決定された。

その後、二〇〇八年は、ＩＴ新改革戦略による取り組みの三年目となり、二〇一〇年の達成を目指したさまざまな取り組みの中間時期にさしかかった。そのため、「ＩＴ政策ロードマップ」では、ＩＴ新改革戦略評価専門調査会による評価結果をふまえ、それまでになされた取り組みの進捗状況を把握するとともに、改革や改善を行うことが企図された。

さらに、一連の政策をふまえ、それらを実現するために、二〇〇八年八月二〇日に「重点計画――二〇〇八」が決定された。電子行政に関しては、「世界一便利で効率的な電子行政――オンライン利用の飛躍的向上や簡素で効率的な政府の実現」という項目が掲げられている。そのための取り組みとして、四つの点が挙げられている。

それぞれについて、具体的にどのような施策が考えられているか、項目だけ挙げてみる。各項目の下に「ＲＭ」や「ＰＫＧ」と書かれているものがある。それぞれ「ＩＴ政策ロードマップ」をふまえた重点的施策は「ＲＭ」、「政策パッケージ」をふまえたものは「ＰＫＧ」という記号が付されている。

第一に、「利便性・サービス向上が実感できる電子行政の実現」である。これは、国や地方自治体における行政手続のオンライン利用を拡大させるために、ワンストップ化やバックオフィスの連携などを図り、利便性やサービス向上が実感できる電子行政を実現することである。具体的な施策としては、次のようなものが挙げられる。[39]

⑴国・地方の枠を超えた電子行政窓口サービス等の実現に向けた検討

㋐次世代電子行政サービスの推進（内閣官房、総務省及び関係府省）ＲＭ ＰＫＧ

㋑地域情報プラットフォーム推進事業（総務省）ＲＭ

㋒引越に関する民間手続のワンストップ化の推進（経済産業省）ＲＭ

㋓電子政府・電子自治体への取組強化に向けた基本的枠組みの整備（内閣官房、総務省及び関係府省）ＲＭ

⑵申請・届出等におけるオンライン利用の推進

㋐オンライン利用促進のための抜本的な取組（内閣官房、総務省及び関係府省）ＲＭ

㋑オンライン利用促進のための効果的な広報・普及活動の推進（内閣官房、総務省、法務省、財務省、厚生労働省及び関係府省）

㋒自動車保有関係手続のワンストップサービスの推進（警察庁、総務省及び国土交通省）

㋓電子政府の総合窓口（e-Gov）を活用したオンライン申請利用促進（総務省及び関係府省）

㋔地方公共団体におけるオンライン利用促進（総務省及び関係府省）ＲＭ

㋕地方税の申告等における電子化の推進（総務省）

㋖シングル・サイン・オン等を実現するための基盤の整備（総務省）

(ク)次世代電子行政サービスにおける多様なアクセス手段の確保に関する調査研究（総務省）

(3)公的個人認証サービス・住民基本台帳ネットワークの利用・活用の推進

(ア)公的個人認証サービスの利用・活用の推進（総務省及び全府省）ＲＭ

(イ)住民基本台帳ネットワークシステムの利用・活用の推進（総務省）

(ウ)住民基本台帳カードの普及に向けた支援（総務省）ＲＭ

(4)地方公共団体における電子申請システムの整備

(ア)地方公共団体における公的個人認証に対応した電子申請システムの整備（総務省）

(5)行政情報の電子的提供の推進

(ア)行政情報の電子的提供（総務省及び全府省）

(イ)行政情報提供の共通基盤としての地理空間情報の活用の推進（国土交通省及び関係府省）

(ウ)選挙における電子投票の普及促進（総務省）

第二に、「業務・システム最適化の推進」である。これは、政府全体の業務やシステム最適化を早期に的確に推進し、効率的な電子政府を実現するとともに、地方レベルでも同様に、電子自治体を実現することである。具体的な施策としては、次のようなものが挙げられる。

(1)業務・システム最適化の推進

(ア)業務・システム最適化の実施（全府省）

(イ)業務・システム最適化の評価（全府省）

(ウ)業務・システム最適化のモニタリング等（総務省及び関係府省）

(エ)府省共通業務・システムの最適化推進のための連携・調整（内閣官房、総務省及び関係府省）

(オ)各府省に共通するシステムの共同利用の検討（内閣官房、総務省及び関係府省）

(カ)ＩＴを活用した内部管理業務の抜本的効率化（内閣官房、総務省、財務省、経済産業省及び全府省）ＲＭ

(キ)行政事務の電子的な処理の推進（総務省及び全府省）ＲＭ

(ク)電子媒体による公文書等の移管及び保存（内閣府）

(2)政府調達の改善

(ア)政府調達の改善（内閣官房、総務省及び全府省）

(イ)オープンな技術標準に基づく情報システム調達の推進（経済産業省）ＲＭ

(ウ)電子入札の推進（全府省）

(3)地方公共団体における効率化の推進

(ア)霞が関ＷＡＮ、ＬＧＷＡＮの積極的活用（総務省及び全府省）

(イ)地方公共団体のシステムの共同化の推進（総務省）

(ウ)地方公共団体におけるＡＳＰ・ＳａａＳの利用促進（総務省）ＲＭ

(エ)統合型ＧＩＳ及び基盤地図情報の相互利用の推進（総務省及び国土交通省）

(4)独立行政法人等の業務・システム最適化

(ア)独立行政法人等の業務・システム最適化（総務省及び関係府省）

第三に、「電子行政推進体制の充実・強化」である。これは、各府省における情報システム調達・評価などにかかわる体制を整備し、IT戦略本部に政府全体の情報システムに対する評価体制を整備し、PDCAサイクルによる不断の改善を行うことである。また、地方自治体についても同様の取り組みを行うことである。具体的施策としては、次のようなものが挙げられる。

(1)電子行政推進体制の充実・強化

(ア)内部人材育成のための人材育成プログラムの実施（全府省）

(イ)電子政府推進体制の充実・強化（全府省）

(ウ)GPMOの充実・強化（内閣官房及び関係府省）

(エ)電子政府評価委員会による審査・評価等（内閣官房及び総務省）

(オ)自治体CIOの育成（総務省）

第四に、「システムの信頼性・安全性の確保、セキュリティ高度化」である。これは、国や地方自治体のシステムについて、利用者利便性の向上に配慮し、信頼性や安全性の確保、セキュリティ高度化を図るとともに、電子行政化を通じて先端技術の育成ないし普及を進めることである。具体的施策としては、次のようなものが挙げられる。

(1)電子政府セキュリティ機能の向上

(ア)内閣官房及び各府省情報統括責任者（ＣＩＯ）補佐官等の連携強化（内閣官房及び総務省）

(イ)電子政府の情報セキュリティを企画・設計段階から確保する（ＳＢＤ）ための方策の強化（内閣官房、総務省及び関係府省）

(ウ)高セキュリティ機能を実現する次世代ＯＳ環境の開発（内閣官房、内閣府、総務省及び経済産業省）

(エ)住民基本台帳ネットワークシステムを利用する国の行政機関等のセキュリティ向上の支援（総務省及び関係府省）

(2)電子政府・電子自治体システムのＩＰｖ６対応化

(ア)電子政府・電子自治体システムのＩＰｖ６対応化（内閣官房、総務省及び全府省）

これらの具体的な施策をみると、日本の電子行政にかかわる取り組みが過去十年ほどの間に蓄積され、発展してきたことがわかる。e-Japan 戦略から e-Japan 戦略Ⅱへ、さらに、ＩＴ新改革戦略へと歩を進めてきた結果、今日に至っては、かなり精緻な電子行政の実現へとつながってきているといえる。

電子行政ばかりでなく、社会全般にかかわる他の分野での取り組みも欠かせないのは明らかである。さまざまな政策が密接に関連していることは、各種の政策で明示されている。また、行政分野の電子化ばかりでなく、人々の参加を視野に入れたかたちでの電子化も実現しつつある。その意味で、ｅガバメントからｅガバナンスの実現へ向けた動きといえるかもしれない。あるいは行政の電子化から政治の電子化という意味で、eガバメントからeデモクラシーへの転換を迎えているのである。

二〇〇八年九月一二日に、ＩＴ戦略本部は、「オンライン利用拡大行動計画」[40]を決定し、これまでの国の行政手続におけるオンライン利用に関する取り組みの抜本的な見直しを行うこととした。それにより、国民や企業に多く利用されているオンライン利用による手続きを重点化し、新たな目標を設定し、オンラインのメリットの拡大や使い勝手の向上などの措置を行うことになった。「オンライン利用拡大行動計画」は、二〇〇九年度から二〇一一年度までの間に、新たなオンライン利用促進のための取り組みを強力に推し進めるための行動計画である。

「重点手続」として、国民や企業による利用頻度が高い「年間申請などの件数が一〇〇万件以上のもの」と、「一〇〇万件未満であっても主として企業などが反復的ないし継続的に利用する手続きなど」について、重点的にそれらのオンライン利用の拡大を行っていくことが企図されている。

ＩＴ新改革戦略において、二〇一〇年までにオンライン利用率を五〇％とすることが目標として掲げられたことをふまえ、オンライン利用拡大行動計画では、二〇一一年度末までにオンライン利用率六六％以上、二〇一三年度末までに七二％以上という目標値を示している。

オンライン利用拡大のためには、セキュリティの確保やユーザビリティの向上についての政府横断的な統一ガイドラインの策定をはじめ、オンライン申請の手数料の値下げ、手数料納付方法の多様化、本人確認といった認証基盤の見直しやＩＤ・パスワード方式のセキュリティの向上、添付書類の削減などの取り組みに重点が置かれる。また、それにともない、窓口でのオンライン入力の補助や代行のサービスを行うことも考えられている。

これらすべてのことが行政サービスの電子化にかかわってくることから、電子政府の利用環境を整備することも重視されている。さらに、行動計画においては、「オンライン利用に係る行政内部の事務処理において、電子的に処理可能な行政事務については、かえって行政コストが著しく増加するなどの特別な事由がある場合を除き、一〇〇％電子的に処理すべきことを新たな目標とし、その旨をすべての行政機関に対して義務付けることとする」という言及もみられ、徹底した電子化とオンライン化を企図していることが明らかである。

その後、一〇月二日には、「電子政府ガイドライン作成検討会」が内閣官房ＩＴ担当室で開催されることになった。同検討会は、「オンライン利用拡大行動計画（平成二〇年九月一二日ＩＴ戦略本部決定）に基づき、電子政府の手続に応じたセキュリティ確保策、ユーザビリティ向上方策について、政府横断的なガイドラインを策定することに向け、経済産業省及び関係府省の協力を得て、年度内に一定の方向性をとりまとめるため」に開催された。

検討会では、(1)電子政府の手続に応じたセキュリティ、(2)電子政府の手続利用シナリオに応じたユーザビリティについて検討を行うことになっている。そのために、検討会には、セキュリティ分科会とユーザビリティ分科会の二つの分科会が置かれている。現在のところ、二つの分科会は、それぞれ会合を開き、議論を進めているところであり、まとまった報告書などはまだ出されていない。

これまでみてきたように、日本における電子政府の構築へ向けた取り組みは、ＩＴ基本戦略に萌芽をみることができるが、ＩＴ基本法の成立と、e-Japan 戦略の決定が本格的な開始となり、それに続く e-Japan 戦略ⅡやＩＴ新改革戦略といった主要な政策によって実際になされてきたのである。主要な政策以外にも、それに関連したさまざまな取り組みにより、具体的な施策が提示されてきたことも見逃すことはできない。

一連の政策をみると、インフラ整備に始まり、それらの活用、さらなる応用という段階を経てきたことがわかる。まず、e-Japan 戦略に至るまでがインフラ整備の段階として位置づけることができる。e-Japan 戦略Ⅱでは、ＩＴの利活用を重視する段階へと進展した。その後、ＩＴ新改革戦略では、それまでとは大きく様相を変え、副題の「いつでも、どこでも、誰でもＩＴの恩恵を実感できる社会の実現」というフレーズに示されるように、広範な取り組みを前面に押し出し、それまでの応用ともいえる段階に移行したようにみえる。

ＩＴ戦略本部は、二〇〇一年一月二二日に第一回目の会合が開催されてから、二〇〇九年四月九日までに五〇回の会合を重ねてきた。これまでの過程においては、関連する数々の施策はもちろんのこと、検討会や専門調査会などを設け、さまざまな取り組みを行ってきた。その過程は今なお途上にあるが、日本における今後の展開は、これまでの延長線上に位置づけられるのは確かなことである。

ＩＴ新改革戦略の示した二〇一〇年という区切りの年に関して、ＩＴ戦略本部は、ＩＴ新改革戦略評価専門調査会[41]や、「ＩＴ戦略の今後の在り方に関する専門調査会[42]」などの会合を重ねて、次なる戦略の検討を行っている。特に、ＩＴ戦略の今後の在り方に関する専門調査会では、デジタル新時代に向けた新たな戦略が検討されている。

新たに「デジタルジャパン」というネーミングのもとで、二〇〇九年から二〇一一年までを対象とする緊急対策と、二〇〇九年から二〇一五年までを対象とする中長期戦略からなる施策である。次なるＩＣＴ政策がデジタル新時代に向けた新戦略となることで、これまでの蓄積に立つとともに、さらなる進化を遂げていくことが求められるのである。

注

（1）http://www.kantei.go.jp/jp/singi/it/setti.pdf
（2）http://www.kantei.go.jp/jp/singi/it/index.html
（3）http://www.kantei.go.jp/jp/it/goudoukaigi/dai6/6siryou2.html
（4）http://www.kantei.go.jp/jp/it/goudoukaigi/dai6/6siryou2.html
（5）http://www.kantei.go.jp/jp/it/goudoukaigi/dai6/6siryou2.html
（6）http://www.kantei.go.jp/jp/it/goudoukaigi/dai6/6siryou2.html
（7）http://www.kantei.go.jp/jp/it/goudoukaigi/dai6/6siryou2.html
（8）http://www.kantei.go.jp/jp/it/kihonhou/pdfs/honbun.pdf
（9）ＩＴ戦略本部については、以下を参照されたい。http://www.kantei.go.jp/jp/singi/it2/index.html
（10）http://www.kantei.go.jp/jp/it/network/dai1/pdfs/s5_2.pdf
（11）http://www.kantei.go.jp/jp/it/goudoukaigi/dai6/6siryou2.html

(12) http://www.kantei.go.jp/jp/it/goudoukaigi/dai6/6siryou2.html
(13) http://www.kantei.go.jp/jp/it/kihonhou/pdfs/honbun.pdf
(14) http://www.kantei.go.jp/jp/it/network/dai1/pdfs/s5_2.pdf
(15) http://www.kantei.go.jp/jp/it/network/dai1/pdfs/s5_2.pdf
(16) http://www.kantei.go.jp/jp/singi/it2/kettei/030702ejapan.pdf
(17) http://www.kantei.go.jp/jp/singi/it2/kettei/030702ejapan.pdf
(18) http://www.kantei.go.jp/jp/singi/it2/kettei/010329honbun.html
(19) http://www.kantei.go.jp/jp/singi/it2/kettei/020618honbun.pdf
(20) http://www.kantei.go.jp/jp/singi/it2/kettei/010626.html
(21) http://www.kantei.go.jp/jp/singi/it2/dai7/pdfs/7siryou09.pdf
(22) http://www.kantei.go.jp/jp/singi/it2/kettei/030808honbun.pdf
(23) http://www.kantei.go.jp/jp/singi/it2/kettei/040206ejapan.pdf
(24) http://www.kantei.go.jp/jp/singi/it2/kettei/040615honbun.pdf
(25) http://www.kantei.go.jp/jp/singi/it2/kettei/040910honbun.pdf
(26) http://www.kantei.go.jp/jp/singi/it2/kettei/041207minaosi.pdf
(27) http://www.kantei.go.jp/jp/singi/it2/kettei/050224/pac.pdf
(28) http://www.kantei.go.jp/jp/singi/it2/kettei/060119honbun.pdf
(29) http://www.kantei.go.jp/jp/singi/it2/kettei/060119honbun.pdf
(30) http://www.kantei.go.jp/jp/singi/it2/kettei/060726honbun.pdf
(31) http://www.kantei.go.jp/jp/singi/it2/ithyouka/index.html
(32) http://www.kantei.go.jp/jp/singi/it2/densihyouka/index.html
(33) http://www.kantei.go.jp/jp/singi/it2/ithyouka/houkoku/huzoku2.pdf
(34) http://www.kantei.go.jp/jp/singi/it2/kettei/070405honbun.pdf

(35) http://www.kantei.go.jp/jp/singi/it2/kettei/070726honbun.pdf
(36) http://www.kantei.go.jp/jp/singi/it2/kettei/080219honbun.pdf
(37) http://www.kantei.go.jp/jp/singi/it2/kettei/080611honbun.pdf
(38) http://www.kantei.go.jp/jp/singi/it2/kettei/080820honbun.pdf
(39) http://www.kantei.go.jp/jp/singi/it2/kettei/080820honbun.pdf
(40) http://www.kantei.go.jp/jp/singi/it2/kettei/080916honbun.pdf
(41) http://www.kantei.go.jp/jp/singi/it2/ithyouka/index.html
(42) http://www.kantei.go.jp/jp/singi/it2/kongo/index.html

第3章　電子投票の現状と課題

1　電子投票導入の背景

日本では、二〇〇一年一月の「e-Japan戦略[1]」により、電子政府に向けた具体的な動きがみられるようになった。「e-Japan戦略」においては、電子政府の構築に関する記述がみられるだけであり、電子投票の実施については全く言及されていなかった。

同年六月二六日にＩＴ戦略本部が発表した「e-Japan二〇〇二プログラム――平成一四年度ＩＴ重点施策に関する基本方針[2]」では、二〇〇二年（平成一四年）度における重点的なＩＴ施策として五つの柱が明示された。そこで初めて、「電子投票」という言葉が登場している。

五つの柱とは、(1)高速・超高速インターネットの普及の推進、(2)教育の情報化・人材育成の強化、

⑶ネットワークコンテンツの充実、⑷電子政府・電子自治体の着実な推進、⑸国際的な取組の強化である。そのなかでも、電子投票に関連するのは、四番目に挙げられている「電子政府・電子自治体の着実な推進」という柱である。

五つの柱の具体的な内容は、それぞれ分野別施策として挙げられている。とりわけ、電子政府・電子自治体に関しては、「行政の情報化及び公共分野における情報通信技術の活用の推進」として、「平成一五年度までに電子情報を紙情報と同等に扱う行政を実現するため、平成一四年度中に全府省において、申請・届出等手続の電子化に関わる共通的基盤システムを整備するほか、行政情報の電子的提供、政府調達の電子化等を推進する」ことが謳われている。

そこでは、初めて電子投票について言及されており、総務省を管轄省庁として、「地方選挙における電子投票」という項目が挙げられている。地方における電子投票に関しては、「有権者の利便性の向上や開票の迅速化を図るため、地方公共団体の選挙における電子投票の試行を可能とするための取組を行う」ことが明記されている。その意味で、電子投票は、電子行政（電子政府・電子自治体）への取り組みの一部をなすものとして、位置づけることができる。

電子政府は、一国の政府レベルの電子化を念頭に置いたものであるが、電子投票に限っていえば、この段階では、地方選挙での導入を考えているに過ぎない。あくまで地方自治体の選挙に際して、電子投票が試行できるようにすることが謳われているに過ぎないのである。その点からいえるのは、まず、地方選挙での電子投票の経験を積んでから国政選挙への導入が企図されていたのかもしれないということである。実際に、電子投票に関する法律は、地方選挙に限定されたものであり、国政選挙における電子投票の導入は、国会へ法案が提出されても、なかなか可決・成立へと至らずにいる。

二〇〇一年一一月三〇日には、「地方公共団体の議会の議員及び長の選挙に係る電磁的記録式投票機を用いて行う投票方法等の特例に関する法律（以下、電磁記録投票法）[3]」が第一五三回臨時国会で成立した。

同法は、一一月九日に、閣議決定され、国会に提出された後、一一月三〇日に、参議院本会議で可決・成立した。一二月七日に、同法は公布され、翌二〇〇二年二月一日に、施行された。

また、同日には、総務省の「電子機器利用による選挙システム研究会」（座長・田中宗孝日本大学教授）の最終報告書が公表された[4]。

電磁記録投票法の施行により、地方選挙については、電子投票の実施が可能となった。電磁記録投票法は、地方議会の議員や首長の選挙のみを対象としており、各地方自治体が独自に条例を制定してから電子投票を実施するという手順になっている。

たとえば、日本で最初に電子投票を実施した岡山県新見市のケースをみると、同法の施行を受け、二〇〇二年三月には、「新見市議会の議員及び新見市長の選挙における電磁的記録式投票機による投票に関する条例」が新見市議会で成立した。そのため、同年六月二三日の新見市長選挙と新見市議会議員選挙のダブル選挙に際して、電子投票が実施できるようになったのである[5]。

同時期の二〇〇二年六月一八日には、ＩＴ戦略本部の「e-Japan 重点計画——二〇〇二」[6]が発表された。これは、ＩＴ基本法に基づいて策定された「e-Japan 戦略」や、「e-Japan 二〇〇二プログラム」、「e-Japan 重点計画」といった一連の施策を受け、それまでの成果をふまえて新たに見直しを行って策定されたものである。

そこでは、五つの重点政策分野が明示されている。具体的には、(1)世界最高水準の高度情報通信ネットワークの形成、(2)教育及び学習の振興並びに人材の育成、(3)電子商取引等の促進、(4)行政の情報化及び公共分野における情報通信技術の活用の推進、(5)高度情報通信ネットワークの安全性及び信頼性の確保である。これらは、いずれも「e-Japan 戦略」で示された内容をさらに推進したものであり、電子政府に関連したものとして、「行政の情報化及び公共分野における情報通信技術の活用の推進」が挙げられる。電子投票についても、この部分の具体的な内容に含まれている。

これまでの主な成果として、電子投票についても言及がなされており、「地方選挙における電磁的記録式投票制度の導入（総務省）（二〇〇一年一一月三〇日「地方公共団体の議会の議員及び長の選挙に係る電磁的記録式投票機を用いて行う投票方法等の特例に関する法律」成立、二〇〇二年二月一日施行）」という記述がみられる。

さらに、具体的な施策として挙げられている「地方公共団体の取組支援」の一つとして、「地方選挙における電磁的記録式投票の普及促進」がある。その内容は次のようなものである。「二〇〇二年度から、地方公共団体の議会の議員及び長の選挙における電磁的記録式投票の実施について支援を行うことにより、その普及を図る」ことが指摘されており、総務省を管轄省庁としている。この点は、「e-Japan 二〇〇二プログラム」で初めて電子投票について言及されていた文言と比べると、はるかに前進した内容となっており、二〇〇二年二月一日に施行された電磁記録投票法を意識したものとなっている。この時点においては、同法の施行により、電子投票が地方選挙で徐々に普及していく可能性があると考えられていたように思われる。

しかし、この段階においてもまだ、電子投票は、地方選挙に限られており、電子政府の構築へ向けた一連の取り組みという点からしても、あくまで「地方公共団体の取り組み支援」という位置づけに過ぎない。電子投票は地方のものという位置づけであった。

実際のところ、二〇〇二年六月二三日に新見市において日本で初めての電子投票が実施された後は、翌二〇〇三年二月二日に広島県広島市の市長選挙、四月二七日に宮城県白石市の市議会議員選挙で電子投票が実施された。その後も、電子投票は各地で実施された。二〇〇三年だけでも、さらに、七月六日に福井県鯖江市の市議会議員選挙、七月二〇日に岐阜県可児市の市議会議員選挙、八月三日に福島県大玉村の村議会議員選挙、一一月九日の神奈川県海老名市の市長選挙と市議会議員選挙で電子投票が実施された。

時期的には、ちょうど大玉村での電子投票実施後になるが、八月八日にＩＴ戦略本部が「e-Japan 重点計画──二〇〇三」(7)を発表した。「e-Japan 戦略」以来、二年半が経過したが、その間さまざまな取り組みがなされてきた。その時点で、「e-Japan 重点計画──二〇〇二」を見直し、

「高度情報通信ネットワーク社会の形成のために政府が迅速かつ重点的に実施すべき施策の全容を明らかにする」ために、「e-Japan 重点計画――二〇〇三」の策定に至った。

そこでは、重点政策五分野として、⑴世界最高水準の高度情報通信ネットワークの形成、⑵人材の育成並びに教育及び学習の振興、⑶電子商取引等の促進、⑷行政の情報化及び公共分野における情報通信技術の活用の推進、⑸高度情報通信ネットワークの安全性及び信頼性の確保が挙げられている。そのうち、電子政府に関連した政策は、「行政の情報化及び公共分野における情報通信技術の活用の推進」という項目であるが、ここで電子投票に関しても言及がなされている。

第四の重点政策は、電子政府の構築と電子自治体構築へ向けた支援という二つに大別される。後者の電子自治体構築に向けた支援ついては、共通基盤の整備、行政手続きのオンライン化、地方公共団体における業務改革の促進、ITを活用した住民参画の促進などが挙げられている。そのなかでも、ITを活用した住民参加促進の具体的な取り組みの一つとして、電子投票は位置づけられている。

「地方選挙における電子投票の普及促進」は、総務省が管轄省庁とされている。電子投票の普及促進について、具体的には、「地方公共団体の議会の議員及び長の選挙における電磁的記録式投票(電子投票)について、二〇〇三年度以降も、実施しようとする地方公共団体に対する支援を引き続き行うことにより、その一層の普及を図る」とされている。

二〇〇三年には、二月の広島市からはじまり、一一月の海老名市まで各地で次々と電子投票が実施された。その時点では、いくつかの自治体が電子投票の導入を検討しているという報道もあり、翌年の実施に向けた動きもみられた。

年が明けて二〇〇四年になると、一月一八日に青森県六戸町の町長選挙、二月八日に京都府京都市の市長選挙で電子投票が実施された。しかし、それ以降は、新たに地方選挙に電子投票を導入しようとする動きがほとんどみられなくなってしまった。その背景には、前年二〇〇三年七月二〇日に可児市で起こった電子投票機のトラブルをめぐる一連の騒動があることは否めない。

電子投票の実施が停滞しつつある状況において、二〇〇四年六月一五日に、ＩＴ戦略本部が発表した「e-Japan重点計画――二〇〇四」[8]では、電子投票に対する支援が引き続き謳われている。この施策は、「二〇〇五年に世界最先端のＩＴ国家となる」という目標を達成するために打ち出されたものであり、五つの重点政策が挙げられている。それらは、(1)世界最高水準の高度情報通信ネットワークの形成、(2)人材の育成並びに教育及び学習の振興、(3)電子商取引等の促進、(4)行政の情報化及び公共分野における情報通信技術の活用の推進、(5)高度情報通信ネットワークの安全性及び信頼性の確保である。

電子投票に言及されているのは、四番目の重点政策のなかである。「行政の情報化及び公共分野における情報通信技術の活用の推進」にあたっては、「電子政府の構築」と「電子自治体構築に向けた支援」との二つの取り組みが提示されている。そのうち「電子自治体構築に向けた支援」のなかで、「ＩＴを活用した住民参画の促進」の具体的な取り組みとして、電子投票は言及されている。

具体的には、地方選挙における電子投票の普及促進であり、総務省が管轄省庁とされている。そこでは、「地方公共団体の議会の議員及び長の選挙における電磁的記録式投票（電子投票）について、二〇〇四年度以降も、実施しようとする地方公共団体に対する支援を引き続き行うことにより、その一層の普及を図る」と明記されている。

この内容は、前年の「e-Japan重点計画――二〇〇三」で示されていたものとほぼ同じ内容であり、電子投票に対する継続的な支援が企図されていることを明らかにしている。しかし、この後に発表された施策では、地方選挙での電子投票の普及促進という項目が取り扱われなくなってしまった。さまざまな政策が提示されたにもかかわらず、電子投票の普及促進が正面から論じられなくなってしまったのである。

この点は、二〇〇四年の時点で日本の電子投票が黎明期を過ぎ、一応の定着段階を迎えたため、重点的に取り組むべき対象ではなくなったと考えることもできなくはない。実際に、二〇〇四年の後半には、電子投票を取り巻く状況に変化がみられたのは確かである。

その変化には、二つの性格のものがある。一つは、電子投票の定着という性格のものである。もう一つは、それとは逆の性格のものであり、電子投票の普及に歯止めをかけることになった。

まず、電子投票の定着という点については、すでに一度経験したことがある自治体で二度目の電子投票実施となったことである。二〇〇四年一〇月二四日には、岡山県知事選挙が行われ、新見市のみ電子投票を採用した。新見市での電子投票は二回目となるが、県レベルの選挙での電子投票実施は全国初という位置づけになる。日本の電子投票としては、一〇例目となる。

その翌週の一〇月三一日には、白石市で市長選挙が行われ、そこでも電子投票が実施された。白石市としては二回目の電子投票実施となり、日本で一一例目となる。

新見市と白石市とで二回目の電子投票が実施されたことにより、日本での事例が徐々に増えるとともに、同じ自治体における複数回の実施が電子投票の定着を意味するものとして捉えることもできる。

同年一一月二八日の三重県四日市市における市長選挙と市議会議員補欠選挙は、いずれも電子投票で行われた。四日市市での電子投票は、日本で一二例目となり、実施自治体としては一〇例目となる。二〇〇二年二月の電磁記録投票法の施行以来、三年を経ずして一〇の自治体で計一二回にわたり電子投票が実施された。この数字から、日本における電子投票が黎明期を過ぎ、定着の段階を迎えたと考えることはできないだろうか。

次に、電子投票の普及ないし定着と相反するように思われる動きにも注目する。二〇〇四年には、いくつかの動きがみられた。

まず、三月二五日に、二〇〇三年一一月九日に行われた海老名市長選・市議選の際に生じたトラブルに対して、市民から異議の申し出がなされていたが、神奈川県選挙管理委員会は、審査申立てに対して棄却を決定した。七月二一日には、東京高等裁判所が海老名市議選の選挙無効訴訟について棄却し、八月一七日には、同裁判所が海老名市長選の選挙無効訴訟について棄却した。

九月に入ると、電子投票を取り巻く状況に暗雲が立ち込めた。

九月二日には、鯖江市がコスト高を理由に、職務代理者（副市長）の専決処分により電子投票条例を廃止した。当時、鯖江市では、市長のリコールが行われたため、職務代理者として副市長がその任に就いていた。

九月二八日には、埼玉県和光市議会が市長の提出した電子投票条例案を否決した。それにより、和光市での電子投票の実現は見込めなくなった。

一〇月三一日の白石市長選に際して、電子投票機のトラブルが発生し、それに対する市民からの異議の申し出があったが、一二月九日に、白石市選挙管理委員会は、異議の申し出について棄却を決定した。これは、翌二〇〇五年二月二三日に、宮城県選挙管理委員会が審査申立てについて棄却を決定したことと関連している。

このようにみてくると、二〇〇四年には、電子投票の普及ないし定着が一定の段階に進んだように捉えることができる一方で、他方においては、電子投票の普及ないし定着には至らず、むしろ小康状態になってしまったようにもみえる。いずれも、日本における電子投票のそのときの状況を反映しており、いずれか一つが絶対的な傾向であるとはいえない。そのときの状況を普及ないし定着と捉えるか、あるいは小康状態と捉えるか、それとも衰退ないし後退として捉えるかは、見方を変えることでいかようにも表現することができる。

確かなことは、電子投票が一〇の自治体において、計一二回にわたり実施されたことにより、成功例も失敗例も経験し、事例が蓄積されたことである。その結果として、日本の電子投票が一つの転機を迎えたことが明らかになったのである。

2　電子投票の特徴

電磁記録投票法によれば、電子投票とは、電磁的記録式投票機を用いて行う投票方法のことを意味しており、現在の日本では、地方選挙でのみ適用できる投票方法である。簡単にいえば、電子投票とは、電子投票機を用いて投票を行うことである。

従来の「自書式投票」との違いは、電子投票機を用いるか否かという点だけである。簡単にいえば、電子投票機は、金融機関のＡＴＭ（現金自動預払機）や鉄道の券売機などのようなタッチパネル式の画面になっている。選挙での投票に際して、有権者は、画面上に表示された候補者の中から自分が投票したいと思う候補者の氏名に指もしくはタッチペンで触れることにより、投票できる仕組みである。

自書式投票と電子投票との違いを具体的な手順を追って説明すると、次のようになる。

改めて説明するまでもないが、念のために説明すると、自書式投票は、次のような手順で行う。

まず、選挙人（＝有権者）は投票日に指定された投票所へ足を運ぶ（以下では、「選挙人」という表現を使う場合と、「有権者」という言葉を使う場合があるが、基本的に両者は同じ意味であ

図4　電子投票システムの流れ（イメージ）

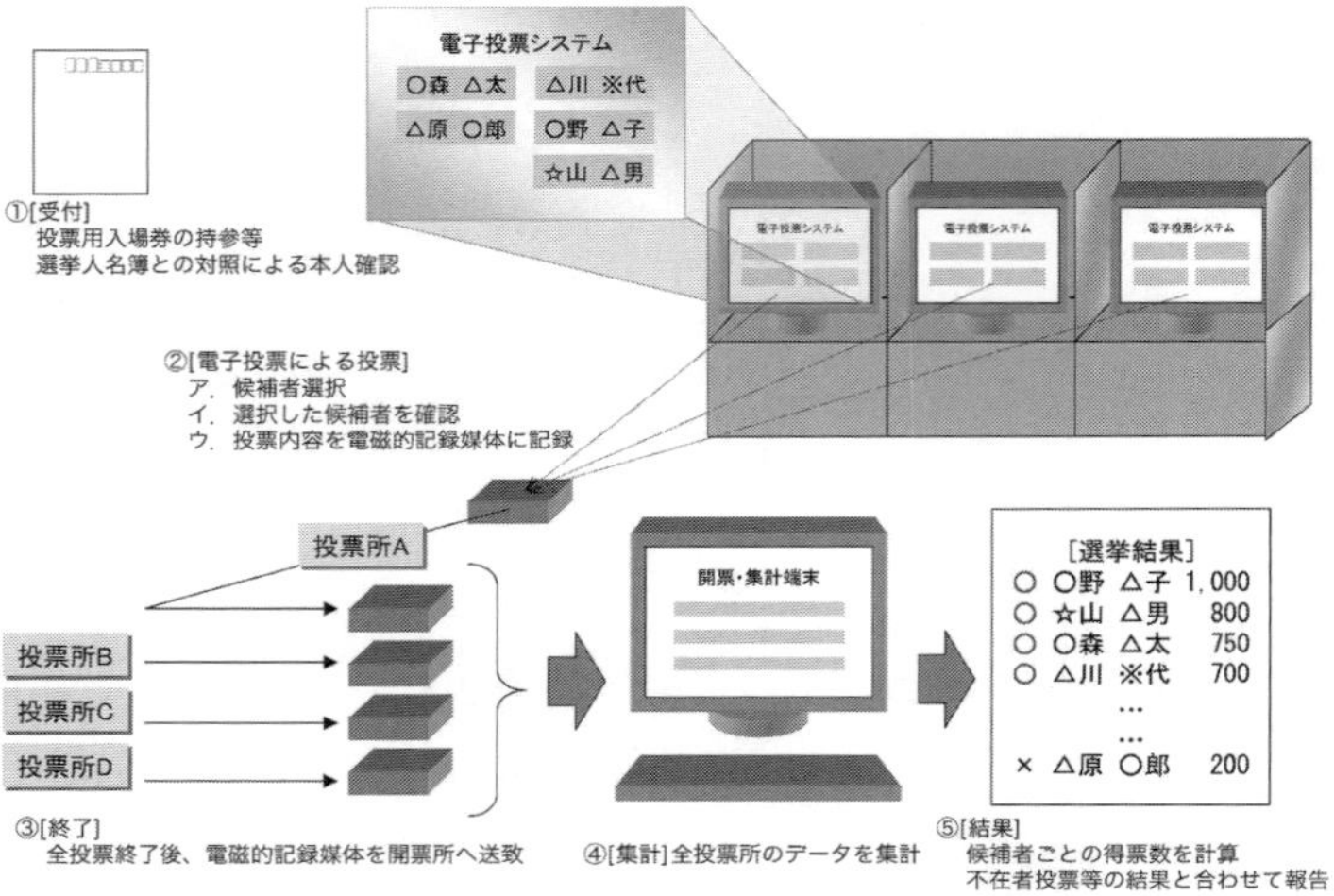

出所　「電子機器利用による選挙システム研究会報告書」
http://www.soumu.go.jp/s-news/2002/pdf/020201_2.pdf

る）。

選挙人は、事前に郵送された投票所の入場券を持参する。

投票所の受付で入場券をわたすと、投票所の職員が選挙人名簿と対照し、本人確認を行う。

本人確認が済んだら、職員が選挙人に投票用紙をわたす。

選挙人は、衝立のある記入場所の前に行き、投票用紙に、自分が投票したいと思う候補者名を手書きで記入する（もし誰にも投票しない場合には、候補者名を記入せずに白紙のままで投票用紙を投票箱に入れることができる）。

選挙人は、投票用紙を投票箱に入れる。

これで投票は終了となり、選挙人は

投票所を後にする。

自書式投票の手順をふまえ、次に、現在の日本で行われている電子投票による投票方法の手順を説明する。

まず、選挙人は投票日に指定された投票所へ足を運ぶ。

選挙人は、事前に郵送された投票所の入場券を持参する。

投票所の受付で入場券をわたすと、投票所の職員が選挙人名簿と対照し、本人確認を行う。

本人確認が済んだら、職員が投票カード発券機より投票カードを発行し、選挙人に投票カードをわたす。

選挙人は、電子投票機の前に行き、投票カードを電子投票機に差し込むと、機械が起動する。

選挙人は、タッチパネル式の画面に示された候補者名一覧の中から、自分が投票したいと思う候補者名を指もしくはタッチペンで触れる（もし誰にも投票しない場合には、「投票しないで操作を終了する」という表示に触れると、どの候補者も選ばずに、投票を終了することができる）。

選挙人は、選択した候補者を確認する。

電子投票機の内部にある電磁的記録媒体に投票結果が記録される。

選挙人は、電子投票機から投票カードを抜き取る。

これで投票は終了となり、選挙人は投票カードを出口で返却し、投票所を後にする。

現在のところ、電子投票は、このような手順によって行われている。したがって、電子投票は自書式とほぼ同じ手順で行われていることがわかる。

つまり、現行の電子投票は、従来の自書式投票から著しく変化したものではなく、自書式投票の延長線上にあるものとして捉えることができる。しかし、「電子投票」という言葉から受けるイメージによって、電子投票は、さまざまなイメージで語られることがある。たとえば、職場や自宅のコンピュータからインターネットによって投票できるようになることが電子投票であるというイメージである。電子投票＝インターネット投票という認識である。

なるほど、言葉のイメージから電子投票が誤解されたとしても、それは致し方ないことかもしれない。実際に、電子投票を本格的に導入した場合には、現在の投票所での投票ではなく、職場や自宅から投票できるようになるという可能性も皆無ではない。この点は、総務省の「電子機器利用による選挙システム研究会」による報告書において詳しく説明されている。

「電子機器利用による選挙システム研究会」は、一九九九年七月三〇日に、自治省（当時）によって設立されたものである。選挙における電子機器の利用に関しては、次のような指摘がみられる。「ＩＴ化の進展の流れの中で、選挙事務における投開票等各段階への電子機器の導入は、一度に大量の投票を処理することが益々困難となっている現状に対応し、開票の迅速化により選挙の結果を有権者に速やかに知らせるという要請を満たすものであり、また高齢者や障害者も含め、あらゆる選挙人の利便の向上を図るという観点からも推進すべき課題である」。

そのため、電子機器を利用した選挙に関する研究会が設立され、中間報告、さらに最終報告の公表へと至った。

同研究会は、二〇〇〇年八月二一日に、「選挙事務の特殊性をも考慮しつつ選挙事務の更なる効率化を図るため、電子機器を利用した選挙システムについて研究を行い」、中間報告書を公表した。その後、二〇〇二年二月一日に、同研究会は、「中間報告以降、電子機器を利用した選挙システムのうち、特に電子投票に着目し、電子投票制度を導入するに当たって解決すべき課題について、選挙の諸原則や技術的な側面等についてより詳細な分析を行い、課題解決に向けた制度面、技術面、運用面の具体的な各種の方策を検討してきたところであり、また、先の臨時国会で成立した特例法により当分の間の措置として新たに実施可能とされた地方選挙における電子投票の実施についての考え方や、当該試行状況も踏まえた今後の中・長期的なスパンでの取組方策も含め、本報告を取りまとめたところである」として、最終的な報告書を公表した。(9)

同研究会の報告書によれば、電子投票の導入は、次のような三つの段階に整理することができる。当面は、次の第一段階を念頭に置いて考えられてきた。

第一段階は、「選挙人が指定された投票所において電子投票機を用いて投票する段階」である。

第二段階は、「指定された投票所以外の投票所においても投票できる段階」である。

第三段階は、「投票所での投票を義務づけず、個人の所有するコンピュータ端末を用いて投票する段階」である。

各段階について詳しく述べることにする。

図5　各段階のイメージ図

【第1段階】選挙人が指定された投票所において電子投票機を用いて投票する段階

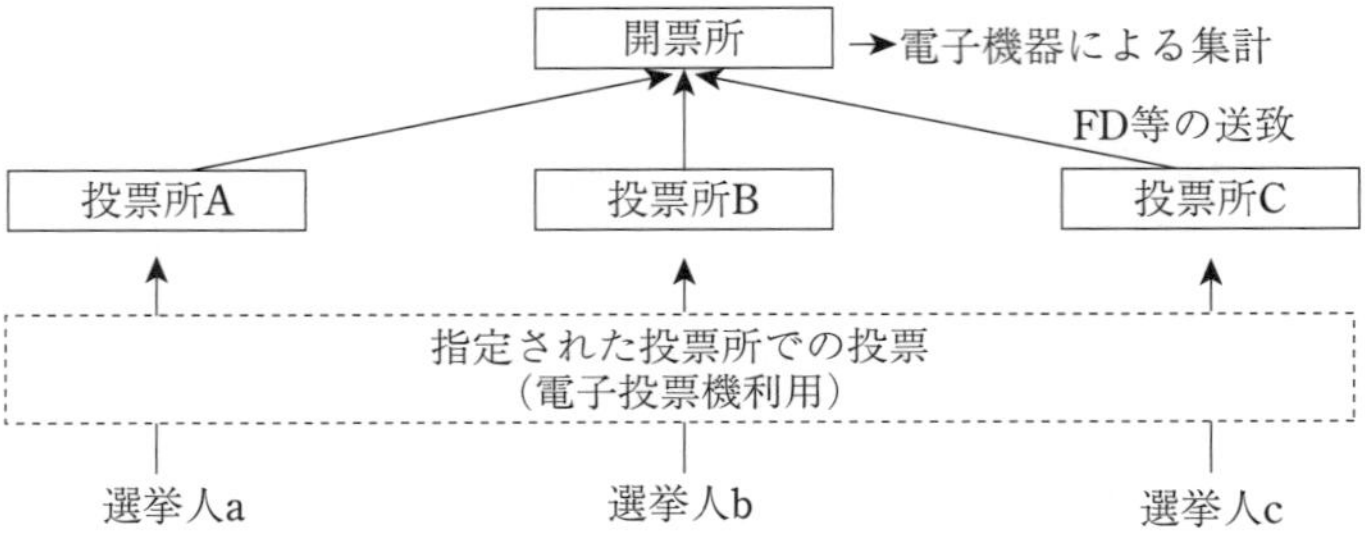

【第2段階】指定された投票所以外の投票所においても投票できる段階

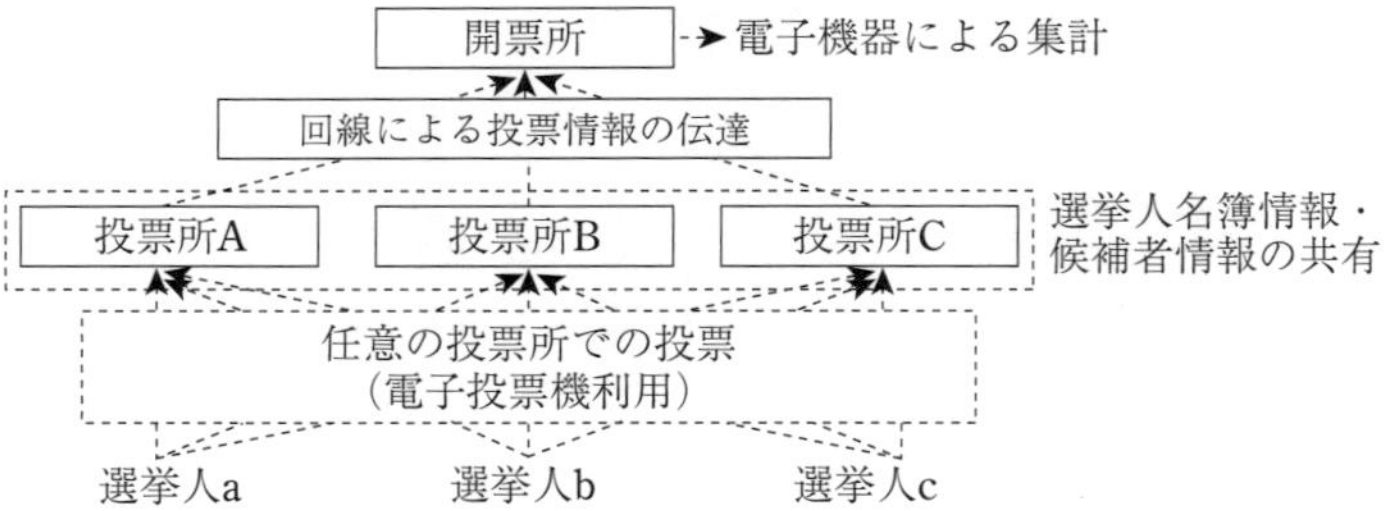

【第3段階】投票所での投票を義務づけず，個人の所有するコンピュータ端末を用いて投票する段階

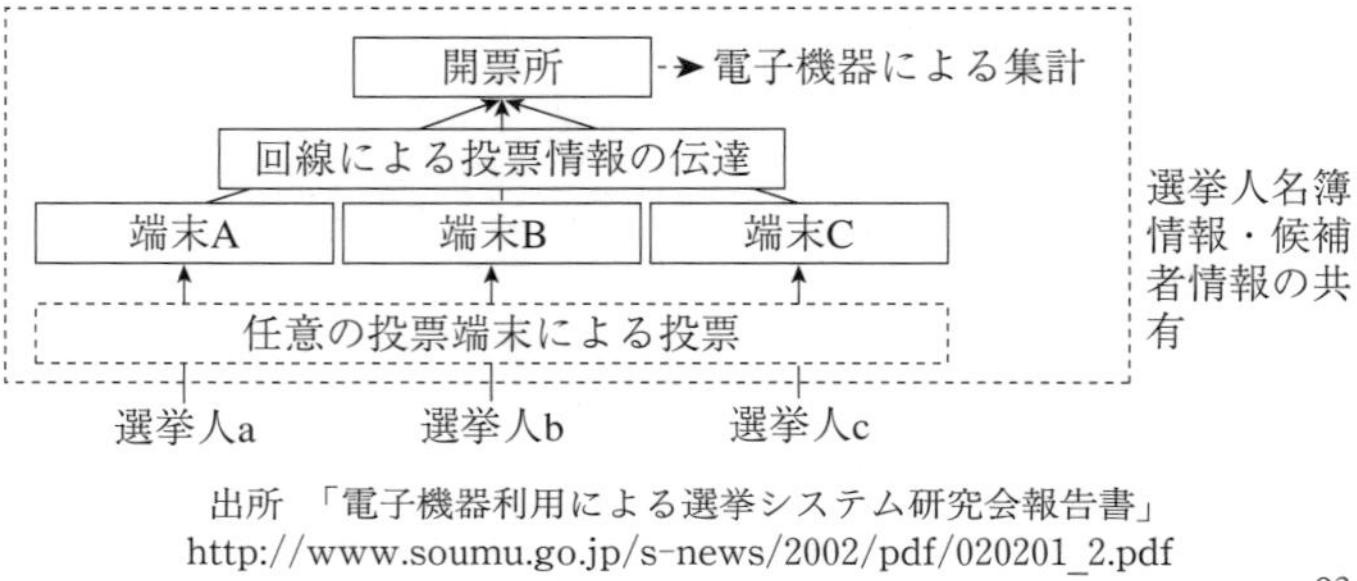

出所　「電子機器利用による選挙システム研究会報告書」
http://www.soumu.go.jp/s-news/2002/pdf/020201_2.pdf

まず、第一段階は、すでに日本で実施されている形態のことである。この段階では、機械はネットワークにつながっている状態ではなく、投票所においても開票所においても単体で設置されている状態にある。有権者は、投票に際して、これまでと同様に、指定された投票所に行かなければならない。一点これまでと異なるのは、有権者が自書式投票ではなく、投票所で電子投票機を用いて投票を行うことである。

投票後の開票に際しては、投票済みのデータを開票所に送致する方法が課題となる。投票所にある電子投票機から投票済みのデータが保存された記録媒体を取り出し、それを開票所に送致することになる。この手続きは、自書式投票においては、投票済みの投票用紙が入った投票箱を開票所に送致することと同じである。

現在は、データの保存された記録媒体を投票所から開票所へ職員が運ぶという方法をとっている。送致方法として考えられる他の方法としては、投票所と開票所との間をネットワークでつないでデータを送致することである。この方法は、セキュリティの問題などさまざまな課題があるため、第一段階では採用されていない。

海外の事例をみると、二〇〇〇年のブッシュ（George W. Bush）候補とゴア（Al Gore）候補の対決となった米国大統領選挙において、電子投票を採用した州もあり、投票済みデータのオンラインによる送致も行われていた。日本よりも進んだ方法で電子投票を実施している一つの事例である。

第二段階では、各投票所に設置されている電子投票機を専用回線によってネットワーク化することになる。ここで使用する専用回線は、セキュリティの問題からクローズドなものである。投票所での有権者に対する本人確認のために、選挙人名簿のネットワーク化が必要になる。候補者情報の共有のためにもネットワーク化が必要になる。

第二段階は、現在の指定された投票所以外の異なる投票所においても、有権者は投票できるというイメージである。その場合には、「①同一選挙区内の任意の投票所での投票」、「②同一選挙における全選挙区内の任意の投票所での投票」、「③選挙の行われていない区域も含めた任意の場所での投票」のいずれかとなる。

「①同一選挙区内の任意の投票所での投票」では、現在の指定された投票所以外で、自分が住んでいる地域の近隣の投票所での投票が可能になる。たとえば、買い物ついでに外出したときに、その付近にある投票所で投票できるということである。

「②同一選挙における全選挙区内の任意の投票所での投票」では、たとえば、都道府県レベルの地方選挙であれば、その都道府県内にある投票所のいずれかで投票できる。東京都知事選挙の場合に、現在の指定された投票所が千代田区であったとしても、八王子市で投票できたり、港区で投票できたりするようになる。

「③選挙の行われていない区域も含めた任意の場所での投票」では、東京都の選挙であっても、北海道に任意の投票所があれば、そこで投票できるようになる。また、投票所に限らず、投票ができるように認められた何らかの場所で投票できるようになる。

これら三つのいずれの場合においても、第二段階では、選挙人名簿のネットワーク化や候補者情報の共有化のためのネットワーク化が必要になる。選挙人名簿は、投票に来た人間が本人であるかどうかを確認するために使用されるが、住民基本台帳ネットワークや総合行政ネットワークなどの整備状況により、運用の可能性も考えられる。

第三段階では、従来のような投票所での投票を義務づけるのではなく、有権者個人の所有するコンピュータ端末を用いて投票することが想定されている。すべての選挙が第三段階の方法で実施されるようになると、投票所そのものが必要ではなくなるかもしれない。

ただ、第三段階においては、個人個人のコンピュータ端末を使用するため、専用回線ではなく、通常のインターネット回線を使用する。そのため、セキュリティの問題が避けられない。さらに、コンピュータを使用できるか否か、技術的に使用できるか否か、またコンピュータ所有の有無も含め、デジタル・デバイドの問題に直面する。

また、投票時の本人確認についても問題が発生する。第三段階では、現在のように、投票所で選挙人名簿による本人確認がなされないため、コンピュータの前に居る人間が果たして本人であるか否かの確認が困難になる。そのため、公開鍵暗号方式や、指紋や光彩などの生体による個人認証によって本人確認を行うことで、なりすまし防止への対応が必要になる。

さらに、第三段階では、投票所での立会人のような第三者が存在しないため、投票を行う個人が、果たして本当に自由な意思に基づいて投票を行っているか否かが不明となる。たとえば、投票の際に、有権者が拉致・監禁された状態で、ある特定の候補者への投票を強要される可能性が全く生じないとはいえない。現在の投票所における立会人の存在が選挙の公開性を担保していることを考えると、第三段階での投票は、その点をいかに解決するかが高い壁になる。

ＩＣＴの進歩からすれば、第三段階での電子投票の実施は不可能なことではないかもしれない。しかし、選挙の運用という点からすると、第三段階は非現実的であるといえるかもしれない。

日本では、今のところ第一段階での実施であるが、当面は、そのまま推移するように思われる。第二段階へ移行するには、解決すべき課題がいくつもあるが、それらは容易に解決できる性格のものではない。そう考えると、第一段階での実施を着実に積み重ねていくことが急務である。

3 電子投票の新しさ

自書式投票から電子投票機を使用した投票方法への単なる変更として、電子投票を捉えているのでは、本質的な変化を見逃してしまう。日本では、電子政府の構築を目的とした一連の政策のなかで電子投票が取り扱われ、全国的な広がりをみせてきた。

確かに、電子投票のみに注目していると、投票方法の変更に過ぎないという見方になるかもしれない。しかし、電子政府や電子自治体との関連で捉えると、電子投票は、その一部をなすものであり、ＩＣＴが普及した社会における選挙の新しいかたちを示したものといえる。

電子投票の新しさは、投票方法、集計方法、伝達方法、開票方法という四つの点から説明することで明らかになる。

まず、投票方法については、電子投票機を用いるという点が従来の自書式投票とは大きく異なっており、紙の投票用紙ではなく、機械による投票という点に新しさがある。投票所において、有権者が電子投票機を操作することで、投票を行い、投票内容はそのまま機械に保存される。機械のなかには、投票データを保存する記録媒体が装備されているため、自書式投票で行っていたような投票用紙への記載と、投票箱への投票用紙の蓄積という二つの役割を機械が果たす。電子投票においては、機械そのものが投票と投票データの蓄積という二つの役割を果たしている。

電磁記録投票法の第三条では、次のように表現されている。

「選挙人が、自ら、投票所（期日前投票所を含む。以下この条において同じ。）において、電磁的記録式投票機を操作することにより、当該電磁的記録式投票機に記録されている公職の候補者のうちその投票しようとするもの一人を選択し、かつ、当該公職の候補者を選択したことを電磁的記録媒体に記録する方法によることができる(10)」。

したがって、投票方法そのものが従来とは全く異なるという点に電子投票の新しさがある。投票用紙に手書きという方法ではなく、投票機を用いて投票し、投票内容も機械に保存されるということは、機械によるメリットとデメリットの両方がもたらされることになる。

まず、メリットとして挙げられる点は、機械による投票であるため、有権者にとって投票が簡素化することである。自書式投票において、有権者は、投票用紙に手書きで投票内容を記載するが、電子投票では、投票機の画面上に示された候補者名を指もしくはタッチペンを用いて触れるだけで投票できる。現行の電子投票機は、タッチパネル式であるため、投票という行為が画面に軽く触れるだけで済む。

たとえば、肢体不自由な有権者にとっては、筆記用具を手にして、自書式で投票用紙に記載するよりも、機械に触れるだけで投票できるほうが容易である。自書式投票よりも電子投票が投票を簡素化するのは、この点からも明らかである。

それに関連し、投票の正確さを第二のメリットとして挙げることができる。電子投票の場合は、画面上に表示された候補者名のなかから有権者自身が投票したいと思う候補者を選択する。したがって、投票に際しては、画面上に表示された候補者以外の人物に投票することができない。電子投票では、当該選挙の候補者に投票する以外のことはできない。

しかし、自書式投票では、有権者自身が白紙の投票用紙に記載するため、場合によっては、立候補している者以外の名前を記載したり、候補者名を誤記することがある。その結果、無効票が発生してしまう。

また、候補者の姓もしくは名前のみを記載しただけで投票することもある。同一姓の候補者が複数いる場合には、得票を按分するなどの対応がなされるが、これまた自書式投票にともなうことである。

それに対して、電子投票であれば、当該選挙の候補者名のみが画面上に表示され、有権者は、そのなかから投票する以外に方法がないため、上記のような問題を回避できる。この点が投票の正確さをもたらすということである。

第三に挙げることができるのは、バリアフリーという点である。電子投票が投票の簡素化や投票の正確さをもたらすことに加え、高齢者や肢体不自由の有権者にとって、容易に投票できるようになるという意味で、バリアフリー化につながる。なかには、筆記用具を手にもって投票用紙に記載することと自体が困難な有権者もいる。その際に、電子投票機を用いて投票を行うことで、容易に投票できるようになる。

また、視覚障害のある場合には、それに対応した型の電子投票機を用いることで、音声ガイダンスによる投票が可能になる。視覚障害者は、ヘッドホンで音声を聞きながら機械を操作し、音声の速度も調整可能であるため、自分のペースで投票できる。すでに、このような投票機が日本で開発されている。現行の電子投票機は、視覚障害に対応してつくられているが、目も耳も不自由な場合や、知的障害者などに対するバリアフリー化も残された課題となっている。

次に、デメリットを挙げると、投票機の故障、投票機の操作ミス、プライバシーの漏洩などの投票機に対する不信感、投票機のコストの問題などが挙げられる。投票に際して電子投票機を使用するため、機械にかかわる問題がデメリットになる。いいかえると、投票機を使用することで、必然的にともなう問題である。

電子投票に際して、投票機が故障してしまったら、そもそも投票それ自体が成り立たなくなる。電子投票は、機械を使うことで数々のメリットをもたらすと同時に、機械を使うがゆえにデメリットをもたらす可能性があることも否定はできない。

実際に、電子投票機の故障により投票ができなくなったり、操作ミスにより投票機が故障したり、機械故障をめぐるトラブルは何件も存在する。岐阜県可児市の電子投票のように、電子投票機の故障が選挙結果に影響を与えたとされ、選挙そのものが無効になった事例もある。

もちろん、投票日における機械故障への対応や、事前の機械の安全性に対する措置は、さまざまなかたちでなされている。二〇〇六年三月には、総務省の「電子投票システム調査検討会」（座長・片木淳早稲田大学教授）による「電子投票システムの信頼性向上に向けた方策の基本的方向」という報告書が公表されている[11]。そこでは、電子投票機の技術的条件について検討された。技術的条件は、機械故障などの機械の不具合によるトラブルと、機械の操作ミスのような運用上のミスによるトラブルとで異なるが、それぞれに対して詳細な項目が検討され、電子投票機によるマイナス面を解決しようと試みられている。

機械に対する不信感という点では、プライバシー漏洩の可能性が挙げられる。電子投票機によって有権者が投票した後、誰が誰に投票したかが記録されてしまうのではないかとか、果たして本当に有権者が選んだ候補者に一票が投じられているのかが不明であるとか、機械に対する多様な不信感を有権者は抱くようである。このような問題は、電子投票の信頼性向上により、少しでも不信感を払拭する以外に解決手段はない。信頼性向上には時間がかかるとしても、徐々に信頼構築に努めることが必要である。

それ以外のデメリットとしては、電子投票機のコスト高という問題がある。現に、コスト高を理由に電子投票条例を廃止した福井県鯖江市の事例もある。

実は、電子投票の実施に際して、特別交付税措置が導入されており、投票所や開票所の数や規模に応じて、財政的な支援がなされている。具体的には、投票所と開票所の数に応じて、定められた単価をかけることによって算定される金額である。特別交付税の算定額は、投票所経費と開票所経費を合計したものである。

たとえば、投票所数に対して、規模に応じて四段階に分けられた投票所単価をかけた金額が投票所経費となる。投票所単価は、一投票所あたりの選挙時選挙人名簿登録者数が、一五〇〇人未満で二九万円、一五〇〇人以上三〇〇〇人未満で四〇万円、三〇〇〇人以上四五〇〇人未満で五七万円、四五〇〇人以上で七四万円となっている。つまり、投票所数×単価（規模に応じて分けられた四段階の単価）となる。

開票所経費は、開票所数に開票所単価をかけたものである。開票所単価は、一律四五万円である。開票所数×一律四五万円の単価となる。

かりに無投票となった場合に、特別交付税は、投票所経費と開票所経費を足した合計金額に〇・三七五をかけた金額となる。

したがって、電子投票にはコストがかかるというイメージがともなうとしても、実際には一定程度の支援策が整備されているのである。また、これまでの実施事例は、投票機を購入したのではなく、レンタル方式での採用であることなど、実際の運用状況を広く周知させる必要がある。全く白紙の状態から電子投票を導入しようとすると、途方もなくコストがかかり、高いリスクも負うといったイメージは、必ずしも事実とは一致しないのである。

投票方法という点から考えると、従来の自書式投票とは異なり、電子投票は、投票機を用いることによって、メリットもデメリットも付随することが明らかになる。電子投票のメリットとデメリットは、コインの裏表のような関係にあるといえるが、デメリットの解決に向けた取り組みが着々となされていることも見逃せない。

次に、集計方法について説明する。この点は、電子投票機に投票データが記録される際の記録方法とも関連する。

今のところ、電子投票機における投票データの記録の仕方は、スタンドアロン方式とクライアントサーバー方式の二通りある。日本のほとんどの事例がスタンドアロン方式を採用しているが、クライアントサーバー方式も過去に二つの事例で採用されている。両者の違いは、電子投票機における投票データの集計方法の違いである。いいかえると、投票機がどのように投票データを記録するかということである。

簡単にいうと、スタンドアロン方式は、一台の投票機につき、一つの記録媒体が装備されているのに対し、クライアントサーバー方式は、一つの投票所につき、一つの記録媒体があるという違いである。スタンドアロン方式の場合は、投票所に電子投票機が五台あるならば、それぞれの機械に記録媒体が装備されているため、その投票所から開票所へは五つの記録媒体が送致されることになる。

クライアントサーバー方式は、一つの投票所で一つの記録媒体となっているため、投票所に投票機が何台あろうとも、記録媒体は一つである。一つの投票所につき、一つのサーバーが設置され、そこに置かれた複数の投票機をサーバーでつなぎ、それぞれの投票機で投票されたデータをサーバーに集めることになる。投票所から開票所への送致にあたっては、サーバーに集約されたデータを光磁気ディスク（MO）に一括して記録し、それを送致する。

二つの集約方式は、それぞれにメリットとデメリットがあるとしても、現実的な問題を考えると、スタンドアロン方式が多く採用されていることには理由がある。同方式の場合は、万一、トラブルが発生したとしても、被害を最小限度に抑えることができる。

ある投票所において、一台の投票機が故障したとしても、すぐに予備機を代替して使用すれば、その後の投票にほとんど影響を及ぼすことはない。故障した機械に装備されている記録媒体は、それまでの投票データを保存してあるため、それをそのまま開票所へ送致することができる。当然ながら、投票済みのデータは有権者の民意を反映したものであり、無効にしたり、破棄したりすることはできない。

実際のところ、スタンドアロン方式では、記録媒体を二つ装備している。それぞれ正と副という扱いである。そのため、正の扱いとなっている一方の記録媒体にデータがきちんと保存されていなかったり、記録媒体が損傷してしまったりしても、副の記録媒体で対応可能なようになっている。

それに対して、クライアントサーバー方式は、一つの投票所に投票機が何台あろうとも、サーバーによって一つの記録媒体に投票データを集約する方法であるため、サーバーがダウンしたら、その投票所のすべての投票機が使用できなくなる恐れがある。投票機が作動したとしても、投票データが記録できなくなっているため、投票そのものができなくなる。実際に、サーバーのダウンによるトラブルは、二〇〇三年七月の可児市での電子投票の際に生じた。後日、可児市の電子投票をめぐって訴訟が起こり、その選挙自体が無効となった。

このような経緯もあり、スタンドアロン方式が多く採用されている。電子投票の集約方式であるため、いずれにせよ、投票機を用いて投票データを記録媒体に保存することになるが、それに対する疑問の声もみられないわけではない。投票機のみに投票データを記録するのでは、機械故障や、記録媒体に故障が生じた場合の対応が困難となるため、紙媒体での記録も行うべきであるという指摘である。

この点は、電子投票と同時に、万一のことに備えて自書式投票も同時に行うという発想である。そうすることにより、電子投票でのトラブルがあった際には、投票そのものや、投票データの損失を未然に防ぐことになるのは間違いない。しかし、一回の選挙において、電子投票も自書式投票も同時に行うということであり、何のための電子投票の導入なのか意味をなさなくなるのは明らかである。

それ以外にも、選挙の際は、電子投票機の故障に備えて、投票所に紙の投票用紙も用意しておき、故障した場合は直ちに紙の投票用紙による自書式投票に切り替えるという対応策も指摘されている。これについては、一回の選挙にかかる電子投票機のコストと、それに加えて紙の投票用紙を準備するコストとの両方が必要になるため、事実上のコスト高になる。果たしてそこまで費用をかけて電子投票を行うべきなのかという論点にもつながっていく。

現時点において、集計方法は、二つの方式で行われており、それに代わる方式は提示されていないし、実用化する気配もない。さまざまな方法が検討されること自体は意義のあることである。しかし、電子投票の実施から著しく逸れてしまう投票方法や集計方法を新たに提示したとしても、決して議論が前進することはないのである。

次に、投票データの伝達方法に注目する。これは、投票所から開票所への送致方法のことである。投票日の投票時間が終わり、投票所が閉鎖された後に必要になるのは、投票データを開票所に送致することである。従来の自書式投票では、投票所にある投票箱をそのまま開票所に送致してきた。

電子投票では、投票時間終了後、投票機から記録媒体を取り出し、封印して堅固な容器に入れて鍵をかけて保管し、それを開票所へ送致する。基本的に、投票所から開票所への投票データへの送致は従来と同様の方法であり、投票用紙が中に入った投票箱か、投票データが保存された記録媒体かの違いだけである。

現時点では、総務省の「電子機器利用による選挙システム研究会」による報告書で示された第一段階での電子投票実施であるため、投票所から開票所への投票データの送致は、従来と同じ方法で行われている。投票時間が終了し、投票箱が閉鎖された後は、自動車などで開票所へ運ばれる。したがって、電子投票に際しては、記録媒体を迅速かつ安全に開票所へ送致することが何よりも重要になる。

将来的に、第二段階ないし第三段階での電子投票実施となった場合には、必ずしも現行の伝達方法にこだわる必要がなくなる。たとえば、第二段階では、各投票所に専用のネットワークがつながる可能性があるため、ハッカーの侵入などセキュリティの問題さえ解決できれば、専用のネットワークを使用して、投票データを開票所へ送ることができる。そうなると、投票データの伝達方法に劇的な変化が訪れる。

また、第三段階では、職場や自宅のコンピュータからの投票となるため、やはりセキュリティの問題があるとはいえ、データの送致という点では現行の第一段階とは大きく異なってくる。第三段階の場合は、投票所そのものが設けられるか否かという点もあるが、すべての有権者の投票データを投票所に集約する方法が必要なのか否かも検討の余地がある。あるいは、職場や自宅からのデータは開票所で集約するようにし、投票所での投票も認めるならば、投票所でのデータを一括して投票所で集約した後、開票所へ送るなり、投票所で投票されたデータは適宜ネットワークを通じて開票所へ送致される方法がある。

第二段階や第三段階が実現した場合には、ＩＣＴのメリットを最大限に活かしつつ、投票データの伝達方法を大きく変えることができるかもしれない。それまでに解決しなければならない課題が山積しているとしても、伝達方法の将来的な可能性は、いろいろあることだけは明らかである。

現行の電子投票は、従来と同じ方法を踏襲しているため、少なくとも、伝達方法については電子投票によるメリットがあまり目立たない部分である。換言すれば、今後の使い方次第では、いかようにもメリットがもたらされると考えられる。

電子投票の新しさについて、四番目に指摘できる点は、開票方法である。従来の方法は、開票所に運び込まれた投票箱から投票用紙を取り出し、すべての集計を手作業で行っていた。そのため、開票作業に従事する職員の数が多く必要になる。

投票用紙は、一人ひとりの有権者が手書きで記載しており、中には判読不可能な文字が書かれている場合や、白紙の投票用紙も含まれている。さらに、候補者以外の氏名が書かれている場合や、姓もしくは名しか書かれていない投票用紙も存在しうる。

電子投票では、これらの取り扱いが全く異なってくる。投票箱から投票用紙を取り出すのではなく、開票所へ送致された（投票データの入った）記録媒体を読み取り用のコンピュータで読み込むことが重要な作業になる。それ自体が開票作業である。スタンドアロンの場合は、一台の電子投票機につき一枚の記録媒体が内蔵されているため、有権者人口が多い地域ほど記録媒体の数も多くなる。

開票作業を担当するのは、記録媒体を読み取り用のコンピュータで操作する職員一人と、それを横で確認する職員が一人いれば済むため、少なくとも二名ほどの人手が必要になるだけである。自書式投票の場合と比べたら、著しい人員削減になり、人件費の削減にもつながる。

記録媒体がコンピュータに読み込まれると、直ちに集計され、画面上に投票結果が表示される。その後、それが印字されると、開票結果が明らかになる。

電子投票における開票作業は、自書式投票よりも大幅に時間短縮や人員削減につながる。開票という点だけみても、自書式投票にみられるような判読不能な投票用紙などの取り扱いや、白紙投票の取り扱いなども容易になる。その点も時間短縮や人員削減と連動するとして、開票作業そのものが簡便化することは明らかである。

電磁記録投票法において、電子投票機を電気通信回線に接続してはならないと定められているため、開票時間の短縮はそこまでしかできない。投票所から開票所への送致という段階があり、現行の方法ではその時間を割愛できないからである。将来的に、投票所から開票所へのネットワーク化がなされ、投票データの送致が瞬時にしてネットワークを通じてなされるようになれば、さらなる時間短縮が実現する。

電気通信回線への接続禁止については、いくつかの理由がある。まず、セキュリティの問題が挙げられる。ハッカーなどにより外部から不正なアクセスがなされる危険があるため、セキュリティ対策は、万全に行われなければならないし、少しでも危険性のあるものを回避することで乗り切れるならば、そのような対策が練られるのは当然だといえる。もちろん、セキュリティ対策には、いくつかの方法がある。たとえば、ネットワークをクローズドなものにし、専用回線とするのが一つの方法である。そうすることで、不正なアクセスを防ぐことになる。

個々の有権者の投票データは、それぞれ一つの電子ファイルとして記録媒体に記録されている。つまり、一人の有権者が投票した一票は一つのファイルとなる。そのため、記録媒体に記録された個々の電子ファイルを電子認証技術やパスワードで保護することで、セキュリティ対策を講じることができる。

さらに、「開票」概念との整合性の問題という理由も挙げられる。この点ついては、総務省の「電子投票システム調査検討会」が二〇〇六年三月に発表した報告書「電子投票システムの信頼性向上に向けた方策の基本的方向」において、次のような指摘がみられる。

「開票概念との整合性の問題については、現行の公職選挙法では開票所における開票を原則としているところ、投票所において送信のために電磁的記録媒体から投票データを取り出すことが、投票箱から投票用紙を別の容器に移し替えることや、ひいては投票所において開票を行ったことにならないかという問題である」。

投票所から開票所へ投票データをネットワークにより送信すること自体が、開票という点から考えると、公職選挙法の規定に抵触するのではないかという指摘である。投票データは一票一ファイルとなっており、それらを記録媒体からネットワーク経由で開票所へ送ることは、開票所での開票以前に、投票データを開票してしまうことになるのではないかというのである。

同報告書では、「確かに現行法においては、投票箱は投票の終了を待って閉鎖し、開票所での開票まで開いてはならないこととなっているが、選挙事務の管理執行を厳正且つ公正に行うという公選法の基本的な趣旨に照らし、投票データのオンライン送信に係る一連の行為がそれに違反するとは考え難い(12)」とされている。したがって、ネットワークによる送致は差し支えないといえる。

しかし、現行の公職選挙法では、投票箱ないし電磁的記録媒体とともに、投票録や選挙人名簿又は抄本も開票所に送致することが定められている。そのため、ネットワーク経由で投票データが送致されたとしても、他のものが届かなければ、開票作業は開始できないようになっている。他にも、病院などでの投票や郵便投票などの不在者投票や、仮投票などのように、投票用紙による投票も実際には残っているため、それらが開票所に届くまで開票を始めることはできない。

そう考えると、伝達方法と同様に開票方法も、電子投票実施の第二段階ないし第三段階への移行を念頭に置いて、現行の公職選挙法の規定を見直さないと、電子投票によるメリットを十分に活かすことができないことがわかる。今のところ、電子投票のメリットは限られたかたちでしか享受できないのである。

現在のような第一段階において、電子投票の開票方法についてのメリットとしては、投票所から開票所へ投票データを送致した後、判読不能な投票用紙がなくなることや按分などの解消に加え、開票時間の短縮、開票作業にかかわる人員削減という点が挙げられる。これだけでも、従来の自書式投票からすれば大きな変化である。しかし、電子投票の投票方法、集計方法、伝達方法、開票方法は、いずれも従来の自書式投票と全く異なる性格をもっており、使い方次第で大きな効果を及ぼすことになる。

4　電子投票の課題

さらに、電子投票が普及していくためには、何よりも投票機の故障などによるトラブルの防止について考える必要がある。それに対する解決策は徐々に提示されてきているが、ここでは、現時点での取り組み状況を明らかにしておく。

これまでに、総務省により、さまざまなトラブル防止策が検討されてきた。まず、二〇〇二年二月には、「電子機器利用による選挙システム研究会」による「電子投票システムに関する技術的条件及び解説[13]」が発表された。そこでは、電子投票機の機能要件、ハードウェア条件、ソフトウェア条件、セキュリティ条件が定められていた。技術的条件については、法的拘束力はないものの、細部に至るまで解説がなされていた。

その後、二〇〇二年六月二三日に、新見市で日本初の電子投票が実施され、全国各地で数回にわたり電子投票が実施された。その結果、ある程度の実施経験が積まれることになり、総務省は、二〇〇五年五月二五日に「電子投票導入の手引き」を公表した。

その冒頭で、「この手引きは、我が国における先進事例等を参考にしながら、電子投票による選挙の手順を明らかにして、電子投票をこれから導入しようとする地方公共団体の負担を軽減するとともに、管理執行上の留意点を整理し、トラブルの回避を図ることを目的としている」と述べられている。

同書は、これまでの実施経験をふまえた運用マニュアルであり、管理運営のノウハウを集約し、電子投票実施にかかわる団体への情報提供ないし情報共有を主たる目的としていた。具体的には、電子投票の導入から実施までの一連の作業工程が五つの時期に分けられ、各時期における必要事項が詳細に説明されている。取り扱われているのは、「実施に向けた準備（電子投票実施の半年から三か月程度前〜告示日まで）」、「候補者情報作成と期日前投票（告示日〜期日前投票の期間）」、「投票（選挙期日前日〜選挙当日）」、「開票（選挙当日）」、「選挙後（選挙期日後）」という五つである。

同書には、かなり詳細な資料集も掲載されている。たとえば、実際の電子投票条例をはじめ、実際に用いられた「投票事務取扱要領」や「開票事務取扱要領」、「投票所のレイアウト図」、「開票速報」などの資料である。

したがって、「電子投票導入の手引き」は、それまでの実施経験をふまえたノウハウの集積という意味で、非常に貴重な情報が含まれている。初めて電子投票を実施しようとする場合には、必読の資料であり、電子投票の導入から実施に至るまで全体の流れを満遍なく把握することができる。しかし、それですべてのことが足りるわけではない。過去の実施事例において、トラブルが発生したことに関する情報が蓄積されているとしても、そこにあるのは、どのようなトラブルが発生したのか、そのトラブルにどのような対応をしたのか、トラブルを回避するには事前に何が必要なのかといった情報であり、これまでのトラブルによって失った電子投票の信頼回復への処方箋は準備されていなかった。

総務省は、二〇〇五年一一月に、「電子投票システムに関する信頼性向上のための新たな仕組みづくりを視野に入れ、電子投票制度のあり方等に関する専門的見地からの諮問に応ずるため、常設の調査検討機関」として、「電子投票システム調査検討会」を設置した(14)。

同検討会は、二〇〇六年三月に「電子投票システムの信頼性向上に向けた方策の基本的方向(15)」という報告書を発表した。それは、「地方選挙における電子投票の実施状況」、「電子投票システムの技術的条件を巡る課題」、「電子投票システムの信頼性向上に向けた方策」、「電気通信回線への接続の可否」という四つの章からなっている。

とりわけ、電子投票のトラブル防止策という色彩が濃く、電子投票機の技術的条件や、信頼性向上のための技術的条件の認証制度などについて、詳しく述べられている。同報告書によれば、これまでのトラブルは、三つの要因からなっていたとされる。第一に、技術的条件の定める内容それ自体が不適切ないし不十分であったこと、第二に、個々の電子投票機が技術的条件に適合しているか否かについての事前確認が不十分であったこと、第三に、投票機の運用面で問題があったことである。

それぞれに対する解決策は、次のように指摘されている。一つ目の点に関しては、過去のトラブルを分析し、技術的条件の妥当性を厳密に検証すること、また、技術的条件の法的拘束力の必要性についても再検討する必要があることである。第二の点は、第三者による技術的条件への適合確認を認証制度というかたちで導入する必要性の有無を検討することである。第三の点は、電子投票実施にかかわる者の改善措置と、マニュアルの徹底などである。

電子投票システム調査検討会では、特に二番目の認証制度の必要性に関して検討がなされ、報告書でも詳しく言及された。従来、技術的条件への適合確認は、ベンダー（事業者）による自己検査や、実施自治体への納品時に選挙管理委員会の立会いによって行われる検査だけであった。ベンダーの自己検査は、納品の際に自己検査証明書を提出するものであった。

そのため、同委員会の報告書でも、「今後、機器のトラブルの発生を極力、防止し、電子投票システムの信頼性を確保していくためには、事業者や地方公共団体だけに検査等を委ねるのではなく、これら以外の第三者によって適合確認を行う制度の導入が必要である」という指摘がなされた。さらに、すでに電子投票を実施した自治体からも第三者による認証制度の設置が必要である旨の意見が出されていた。

それを受け、二〇〇六年一二月一八日に、総務省は、技術的条件の見直しと、「電子投票システテ

図６　検査確認関係機関相関図

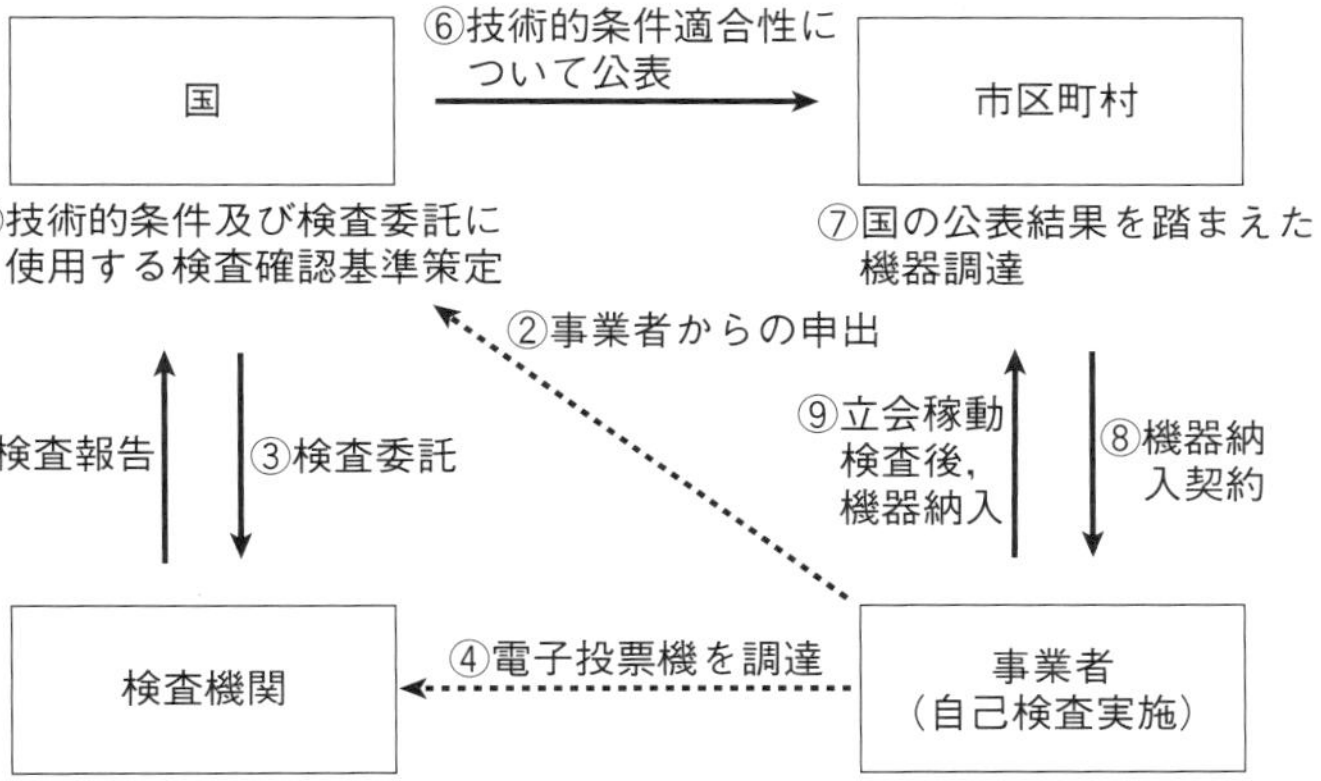

出所　総務省「電子投票システムの技術的条件に係る適合確認実施要綱」
http://www.soumu.go.jp/s-news/2006/pdf/061219_7_bt2.pdf

ムの技術的条件に係る適合確認実施要綱[16]」を発表した。前者の技術的条件の見直しは、電子投票機の機能要件、ハードウェア条件、ソフトウェア条件、セキュリティ条件について、個別に実施例、改正案、改正理由という点から具体的な見直しがなされている。

後者に関しては、ベンダーから検査の申し出があった後、総務省が委託契約を結んだ民間の検査機関によって技術的条件の適合確認が行われ、その検査結果が公表されるというものである。ベンダーにとっては、認証制度により適合確認を受けた電子投票機であることが自らのメリットにもなる。各選挙管理委員会ないし各自治体にとっては、機器の選定の際にも、また、電子投票実施の際にも、技術的に一定の基準に達した機器を用いることができるという意味でメリットになる。基本的に、認証制度は、不要なトラブルを未然に防ぐことができるだけでなく、関係者すべてにとっても必要不可欠のものだといえる。

適合確認にあたっての検査項目は、機能要件、ハードウェア条件、ソフトウェア条件、セキュリティ条件のそれぞれについて詳細に定められており、個別具体的に確認方法も明示されている。検査後には、検査機関より総務省に結果報告がなされるが、その際は、総務大臣宛に「電磁的記録式投票システムの検査確認結果報告書」が提出される。総務省は、検査結果の報告を受けた後、適合確認の結果を公表することになっている。

二〇〇六年一二月に認証制度が導入された後、二〇〇七年四月二二日には、白石市と六戸町で、それぞれ電子投票が実施された。白石市も六戸町も三回目の電子投票の実施であった。このときから認証制度が運用されており、二つの選挙で、技術的条件を満たした電子投票機が採用されていた。その後も現在に至るまで、大玉村、京都市、白石市、四日市市、新見市で電子投票が行われているが、電子投票機による大きなトラブルは発生していない。

認証制度の導入がトラブル防止に役立っているとしても、電子投票が機械を使って行うものである以上、いつ、どのような事態が引き起こされるかは常に未知数であることに変わりはない。そのため、ベンダーや行政側には、電子投票システムに関する不断の研究や開発はもちろん、さまざまな事態を想定した対応策が求められる。ひとたび、制度を設けたら、それで完了というのではなく、常に見直しがあり、改良が求められるのは他の制度でも必要であるが、電子投票についても同様に、不断の検討が欠かせないのである。

最後に、電子投票の国政選挙への導入に関して、言及しておく。二〇〇七年一二月の時点で、自民党・公明党と、民主党の三党が電子投票の国政選挙への導入について合意し、国会での法案成立を目指した。衆議院では可決したが、参議院では審議未了廃案となった。

そのときは、過去に電子投票を実施したことがあり、電子投票条例をもっている自治体に限り、国政選挙で電子投票ができるようにするという内容であった。しかし、電子投票機の故障などの対応をめぐり、審議は難航し、時間切れとなってしまった。

同法案が廃案になったとはいえ、国政選挙への電子投票の導入が本格的に議論されたことには違いない。しかも、衆議院で可決されたという事実は、国政選挙での電子投票実施の可能性が全くないわけではないことをうかがわせる。地方選挙から国政選挙へと徐々に電子投票の実現可能性が広がってきていることだけは明らかである。

注

(1) http://www.kantei.go.jp/jp/it/network/dai1/pdfs/s5_2.pdf
(2) http://www.kantei.go.jp/jp/singi/it2/kettei/010626.html
(3) http://www.soumu.go.jp/senkyo/senkyo_s/news/touhyou/denjiteki/pdf/houritsu.pdf
(4) 「電子機器利用による選挙システム研究会報告書」については、以下を参照されたい。http://www.soumu.go.jp/menu_news/s-news/2002/pdf/020201_2.pdf

（5） 岡山県新見市の事例については、以下を参照されたい。田中宗孝「『電子投票時代』の幕開け」『選挙』第五五巻第一〇号、二〇〇二年一〇月、一—三頁。中島学「新見市における電子投票の概要について」『選挙』第五五巻第一〇号、二〇〇二年一〇月、四—一一頁。森源二「地方選挙における電子投票について——岡山県新見市で全国初の電子投票の実施」『議会政治研究』第六四号、二〇〇二年一二月、五七—六七頁。吉田彰「初の電子投票条例を制定した新見市議会」『議会政治研究』第六四号、二〇〇二年一二月、六八—七六頁。

（6） http://www.kantei.go.jp/jp/singi/it2/kettei/020618honbun.pdf

（7） http://www.kantei.go.jp/jp/singi/it2/kettei/030808honbun.pdf

（8） http://www.kantei.go.jp/jp/singi/it2/kettei/040615honbun.pdf

（9） 「電子機器利用による選挙システム研究会報告書」については、以下を参照されたい。http://www.soumu.go.jp/menu_news/s-news/2002/pdf/020201_2.pdf

（10） http://www.soumu.go.jp/senkyo/senkyo_s/news/touhyou/denjiteki/pdf/houritsu.pdf

（11） http://www.soumu.go.jp/menu_news/s-news/2006/pdf/060426_1_2.pdf

（12） http://www.soumu.go.jp/menu_news/s-news/2006/pdf/060426_1_2.pdf

（13） http://www.soumu.go.jp/menu_news/s-news/2002/pdf/020201_1.pdf

（14） 「電子投票システム調査検討会」については、以下を参照されたい。http://www.soumu.go.jp/main_sosiki/kenkyu/denshi_touhyo/index.html

（15） 「電子投票システム調査検討会」による「電子投票システムの信頼性向上に向けた方策の基本的方向」については、以下を参照されたい。http://www.soumu.go.jp/menu_news/s-news/2006/pdf/060426_1_2.pdf

（16） http://www.soumu.go.jp/s-news/2006/pdf/061219_7_bt2.pdf

第4章　日本の電子投票

1　新見市

日本では、二〇〇二年六月二三日に岡山県新見市で初めて電子投票が実施された。その後、一〇の自治体で計二〇回実施されてきた。

本章では、過去の実施事例の概要を説明する。[1]特に、各自治体の第一回目の電子投票実施に焦点を絞り、導入の経緯、開票作業、トラブル、その後の展開という点に言及する。

さて、岡山県新見市は、県西北部に縦長に位置しており、面積三五九・九九平方キロメートルのうち約八割以上を山林が占めている（二〇〇二年四月三〇日現在）。

新見市の総人口は、二万四二六九人であり、その内訳は、男性一万一五七九人、女性一万二六九〇人となっている（二〇〇二年四月三〇日現在）。

　新見市では、二〇〇二年六月二三日に執行された市長選挙と市議会議員選挙に際して、日本で初めての電子投票を実施した。市長・市議選のダブル選挙は、過去数回にわたって行われている。そのときのダブル選挙は、六月一六日に告示され、直前の六月一五日現在の選挙人名簿登録者数は、男性九三〇六人、女性一万三八三人、計一万九六八九人であった。

　新見市では、一九九六年から市内の全小・中学校にパソコンを配備し、一九九九年には、インターネット利用を可能にした。二〇〇〇年には、新見市地域情報化計画を策定し、光ファイバーなどの接続による教育、介護、防災の支援を目的とする広域情報基盤ネットワーク整備事業や、市街地の下水道高度情報化システムの整備などの情報基盤の整備に取り組んできた。

　二〇〇一年に、新見市は全国に先駆けて、電子投票制度の創設について、国や県に対して要望書を提出した。その後も、新見市独自で電子投票に関する研究会を設置し、電子投票の導入に向けた取り組みを行っていた。

　新見市電子投票導入研究会の報告書は、現状では、開票事務にかかる負担、疑問票・無効票への対応、選挙人名簿の作成や不在者投票の管理のための電子機器の利用状況、開票事務におけるＩＴ化の遅れなどがみられるため、これらの問題への解決策として、電子投票の導入を説いている。電子投票の導入によってもたらされる効果として、有権者の投票意思の正確な反映、選挙結果の迅速な公表、投票行為におけるバリアフリー化、投票率の向上、早期導入の効果などの点が挙げられる。

特に、早期導入の効果については、ＩＴ革命に迅速に対応し、新見市の地域情報化計画の一環として、選挙事務の改革を行うことが、結果的に効果をもたらすという。他の自治体に先駆けて電子投票を導入することは、全国的に注目される画期的な取り組みであり、有権者の政治離れに対する抑止策だけではなく、地域の活性化にもつながり、さらに、早期導入に対する国や県からの各種援助を期待できると、報告書では指摘されている。

導入による効果として挙げられている点は、新見市の選挙管理委員会が電子投票を導入する意義として挙げている点とも重なっている。

新見市選挙管理員会によれば、電子投票を導入する意義としては、「誤記や他事記載による無効票がなくなり、有権者の意思が正確に反映される」こと、「開票が迅速化することにより、有権者は選挙結果を迅速かつ正確に知ることができる」こと、「開票事務においても、疑問票や無効票がなくなり、開票が即座に行われる。また、少ない人員で開票事務処理ができる」ことなどが挙げられている。

選挙管理委員会は、報告書で述べられた早期導入の効果には言及していない。全国に先駆けて電子投票を実施した新見市にとっては、地域の活性化などの点で、結果的に、報告書が想定したようになったといえる。

それでは、新見市の電子投票は、どのような経過で実施されたのであろうか。新見市や新見市選挙管理委員会が公表している資料をもとに、導入に至るまでの経過を簡単にふりかえってみる。ここでは、大まかな流れを把握するのが目的であるため、時間の経過を追うかたちで主な出来事を列挙するに留めておく。

まず、発端は、二〇〇一年二月九日の新見市議会総務常任委員会で、広域情報基盤ネットワークの活用策として、電子投票について説明がなされたときにまでさかのぼる。その際に、二〇〇二年六月に執行される見込みの市長・市議会議員選挙への電子投票の導入を目指して研究会を設置したいという説明もなされた。

同年二月一九日に、国（片山虎之助総務大臣他）および岡山県（石井正弘知事他）に対して、新見市は、電子投票制度の創設についての要望書を提出した。

六月六日に、新見市は、超党派国会議員連盟の「電子式投開票システム研究会」（塩川正十郎会長）に対して、電子投票制度の創設についての要望書を提出した。

しかし、国会での審議は実を結ばず、六月の時点で、第一五一回通常国会での電子投票制度導入法案の提出は見送られることとなった（参考までにいうと、一九九四年の公職選挙法の改正の際に一度、衆議院小選挙区の投票が「記号式」に変更された。自民党の主張により、記号式の投票は一度も実施されないまま、一九九五年には、自書式投票に戻ったという経緯がある）。

八月三一日には、新見市電子投票導入研究会設置要項が制定され、九月七日には、第一回目の研究会が開催された。富岡昌義会長をはじめ一〇名の委員からなる研究会である。

九月二五日に、第二回目の研究会が開催された。

一〇月二一日に、まなび広場にいみを会場にして、市民を対象とした電子投票機のデモンストレーションが行われた。その際に、デモンストレーションに参加した電子投票機の業者は、電子投票普及協業組合と富士通電機㈱であった。

一〇月二三日に、第三回目の新見市電子投票導入研究会が開催された。

一一月二七日に、第四回目の研究会が開催された。

一一月三〇日には、第一五三回臨時国会で、「地方公共団体の議会の議員及び長の選挙に係る電磁的記録式投票機を用いて行う投票方法等の特例に関する法律」が成立し、一二月七日に公布された（以下、電磁記録投票法と表記する）。

一二月七日に、第五回目の新見市電子投票導入研究会が開催され、一二月一八日には、第六回目の研究会が開催された。

年が変わり二〇〇二年一月一〇日に、同研究会は、新見市長に「新見市電子投票導入研究会報告書」を提出した。その中で、「電子投票制度の導入」については、「IT社会の幕開けに際し、全国の自治体に先駆けて電子投票制度を導入することは、新見市民にとって大きな意義があり、導入に向けて積極的に取り組まれたい。この取り組みは、各自治体を始め国・県の選挙においても実施されることを期待する」とされ、「導入機器の方式」については、「導入についてはタッチパネル式で、表示・操作が有権者に分かりやすい方式を採用すること」と述べられていた。

報告書が提出された後、一月一五日に、各メーカーの電子投票システムによる模擬投票が実施された。

　三月六日には、新見市議会において、「新見市議会の議員及び新見市長の選挙における電磁的記録式投票機による投票に関する条例案」と、一四六二〇万円の購入費を含む予算案が提案された。

　三月一九日には、入札対象の電磁的記録式投票機システムの選考会が開かれた。選考会には、五つの業者が参加したが、そのなかから電子投票普及協業組合と富士通の二業者が選定を受けた。

　三月二〇日の新見市議会で、「新見市議会の議員及び新見市長の選挙における電磁的記録式投票機に関する条例」と一般会計予算が成立した。さらに同条例に関連して、「新見市議会の議員及び新見市長の選挙における電磁的記録式投票機に関する規定」が設けられた。

　三月末の時点で、総務省より新見市に対して、電子投票の普及を図るため、レンタル制度の創設について検討したいとの連絡があり、新見市でも検討し始めた。その後、新見市は、当初、買い取り方式で予定していた入札を延期し、レンタル方式に変更し、改めて入札を行うことを決めた。

　四月八日に新見市で、レンタル方式での電磁的記録式投票機システム導入のための入札を行った結果、二五〇万円（税別）で電子投票普及協業組合が落札した。この金額は、当初購入のために組まれていた予算（一億四六二〇万円）の約六〇分の一の価格にあたる。

　入札後の四月九日には、早速、啓発のための電子投票機による模擬投票が開始された。

　五月二日に、新見市は、電磁的記録式投票機システムの賃貸借に関する契約を業者と締結した。それまでの間に、訴訟対応の協議で契約が延びていたが、市が記録媒体を買い上げて保管し、再集計等を求められた場合には、集計機の再貸し出しなどを別途協議することで契約を締結した。

五月七日に、電子投票普及協業組合は、まず二〇台の電子投票機を納入した。そのうち一六台は、常設の電子投票模擬体験所となる新見市役所市民ホール、各市民センター、連絡所などに設置され、残りの四台は、巡回模擬投票や移動啓発のために用いられた。

新見市では、全国初の電子投票であり、その成否が今後の日本における電子投票の帰趨にも影響を及ぼすことから有権者に対する事前の啓発活動に力を入れた。有権者の中でも特に高齢者への操作手順の周知が重視されていた。

選挙管理委員会によると、啓発の目的は、「電子投票システムが有権者の投票意思を正しく反映するシステムであることを、認識してもらう」こと、「有権者の中でも特に高齢者は、新しい方式や機械操作への適応が十分でないことから、投票自体を棄権する可能性もあるため、有権者にシステム操作の簡便性を認識してもらう」こと、「投票機の操作誤りといった有権者の意思に反して生ずる無効票やその他のトラブルを未然に防ぐため、投票機の操作方法を周知してもらう」こととされた。

啓発の具体的な内容は、大きく分けて五つ挙げられる。第一に、印刷物による啓発である。全世帯に毎月配布される市広報紙での広報を五月と六月の二回にわたって実施し、さらに、全世帯配布用と模擬投票会場での配布用の二種類のパンフレットを作成し、配布した。

第二に、メディアを通じた啓発である。テレビや新聞などの報道をはじめ、地元ケーブルテレビでの電子投票機の操作手順の放映を行い、周知に努めた。

第三に、懸垂幕や啓発塔、アドバルーンを掲示することで、電子投票が行われることを広くアナウンスした。

第四に、入札が済んだ翌日の四月九日から告示直前の六月一四日までの間に、模擬投票所が設置された。模擬投票所としては、市役所市民ホール、連絡所、市民センター、ふれあいセンターなどに常設で模擬投票所を設ける場合と、イベント会場やスポーツ大会、スーパーなどの店先、各種会合、老人クラブ総会などで臨時の模擬投票所を開設する場合があった。二つの形態のいずれかで、事前に模擬投票を経験したのは、延べ一万二二三九名に上り、対有権者数で計算すると、六二・一六％になるというのが、選挙管理委員会の発表した数字である。

啓発の内容として、第五に挙げられるのは、六月五日から始まったインターネットでの啓発である。選挙後もそのまま掲載されているが、新見市のホームページ上に「電子投票体験コーナー」があり、そこで実際に電子投票の模擬体験ができるようになっている。

六月六日には、一三四台の電子投票機と、投票カード発券機が八六台、開票集計システムなどが電子投票普及協業組合より納品された。電子投票機そのものは、五月の納品分と合わせて一五四台である。

六月一六日には、任期満了にともなう市長・市議会議員選挙は告示され、二三日が投票日となった。市長選には、二名の候補者が立候補し、市議選には、定数一八名のところ二二名が立候補した。

投票日当日の投票率は、前回よりも数ポイント低かった。電子投票の導入が投票率を下げたのだという否定的な見方もあった。

当初、新見市電子投票導入研究会の報告書では、電子投票の導入により投票率の向上が望めるのではないかという指摘がなされていた。しかし、実際にふたを開けてみると、若干ではあるが、投票率は、前々回よりも前回よりも低下していた。

過去の選挙での投票率をみると、前々回の一九九六年の市長選の投票率は九二・〇六%であったが、前回の一九九八年は無投票であった。市議選は、前々回が九二・〇六%で、前回は八八・三六%であった。

それに対して、今回の市長選の投票率は、八六・八二%で、市議選は、八六・八三%であった。いずれも投票率が下がったため、電子投票の実施が投票率を下げることになったという否定的な声が出てきたのである。

六月二三日の投票日当日、午後八時に投票が締め切られた。即日開票のため、同日午後九時二五分から、まなび広場にいみ大ホールで開票作業が行われた。新見市選挙管理委員会は、選挙事務に従事する職員を投票所には一七八名、開票所には五八名を配置した。前々回のダブル選挙のときには、投票所に一八〇人、開票所に八五人の職員を配置したという。

市内四三か所のすべての投票所で、午後八時の投票締め切り後、投票機から投票用紙にあたるカード式記録媒体（コンパクトフラッシュ）が職員の手で抜き取られ、手提げ金庫に似た送致箱に入れて開票所に移送された。開票所から最も離れた投票所からの移送には、約一時間かかったという。

集められたカード式記録媒体は、全部で一一三枚あり、開票集計システムを搭載した読み取り機（パーソナルコンピュータ）で全部を読み取り、集計を行った。電子投票分の開票作業に従事した職員は二人であり、パソコンの前に二人の職員が座って作業を行っているだけであった。

電子投票分の開票にかかった時間は二二分であり、立会人の確認を経て正式に発表されたのは、開票開始から二五分後のことであった。開票作業において、送致箱からカード式記録媒体を取り出す時間などを除くと、実際に読み取りと集計にかかった時間は、一一分であった。

今回の選挙は、投票日に投票所で行われる投票についてのみ電子投票で行われ、不在者投票については、従来どおりの自書式投票で行われた。わずか一一分で開票が済んだのは、電子投票分であり、不在者投票分は、五八人の職員が手作業で開票した。

電子投票は一万五〇六六票、不在者投票は一七六一票であった。そのうち不在者投票分のなかには、無効票が五三票あった。

電子投票分には、「投票しないで操作を終了」が二五三人あり、それらについては、白票の扱いとなった。電子投票機の画面上には、候補者名の一覧が記載されている。いずれの候補者にも投票しない（あるいは、したくないなどの）場合に、誰も選ばずに「白紙」で投票するという選択肢は存在しない。

自書式投票であれば、投票用紙に候補者名を書かずに白紙のままで投票箱に投票できるが、電子投票の場合は、白票を投じるという選択肢がない。どの候補者にも票を投じない場合に、有権者は、「投票しないで操作を終了」するのであり、結果的に、白票の扱いとなる。

すべての開票作業が終わったのは、開票開始から二時間後の午後一一時二五分であった。一九九四年の市長・市議選のダブル選挙の開票には、四時間半かかったとされるが、それに比べると、半分以下の時間で開票作業が終了したことになる。

開票自体は順調に進んだとしても、昼間の投票の際には、三つの投票所で、四件のトラブルが発生した。四件の内訳は、電子投票機の故障が二件で、職員のミスが二件であった。

まず、菅生市民センターでは、午前七時の投票開始後、投票管理者（職員）が投票カード発券機の立ち上げを終えないうちに発券しようとしたため、投票カード発券機一台が使用できなくなった。そのため、三七分遅れの午前七時三七分に投票が始まった。

実小学校体育館でも投票管理者のミスが発生した。午前七時の投票開始の段階で投票機が「票数ゼロ」になっていることを、最初に投票に来た有権者に画面上で確認してもらう必要があった。実小学校体育館では、二台のうち一台で、投票管理者がこの手続きを忘れてしまった。しかし、投票管理者自身がすぐに気づいたため、予備機として用意してあった別の一台でやり直した。

新見商工会議所では、投票機が投票カードを読み取れない障害が起きた。午前八時頃、電子投票機六台のうち一台で「読み取れません」というエラー表示が出て、カードが出てきたため、すぐに予備機に切り替えて対応した。

結果的に、新見市の場合は、予備機の使用などによって対応できる範囲のトラブルであったため、大事に至らずに済んだ。また、新見市では、落雷や停電への対策として、電子投票機自体が二〇分間対応可能な内臓電源を有していたことや、長時間の停電に備えて全投票所にレンタルで自家用発電機を配置するなどの準備を行っていた。落雷への対策は、雷サージを準備していた。

その後、新見市では、新見市長・市議選を受け、二〇〇三年四月の県議会議員選挙でも電子投票を導入しようと検討された。結果的に、業者との契約もなされたが、県議選が無投票になったため、県議選での電子投票は実現しなかった。

新見市における第二回目の電子投票実施は、二〇〇四年一〇月二四日の岡山県知事選挙のときであった。

しかし、二〇〇五年三月三一日には、新設合併により旧・新見市の電子投票条例が失効してしまった。合併にともない、新見市長選・市議選が行われたが、自書式によるものであった。

また、岡山県では、新見市で行われる選挙に限定して電子投票が実施できるようにするために、二〇〇二年一二月二〇日に条例を公布したが、新設合併による旧・新見市の条例廃止にともない、二〇〇五年五月一七日に廃止した。

その後、新見市では、二〇〇六年九月一三日に市長選・市議選を対象とする電子投票条例案が提出され、九月二二日に総務委員会で条例案が審議され、九月二八日の新見市議会での条例の成立を受けて、一〇月二日には、合併後の新・新見市で条例が公布された。

新見市では、二〇〇九年四月一二日の市長選・市議選で電子投票が実施された。それにより、新見市は三回目の電子投票を数えるに至ったのである。

2　広島市安芸区

政令指定都市である広島市では、二〇〇三年早々に行われる市長選挙において、一部の地区での電子投票の導入が検討されていた。広島市では、二〇〇二年九月一九日開会の市議会定例会に条例案と補正予算案が提出されることになり、可決された場合には新見市に続き、全国で二番目の電子投票による市長選挙となる。(2) 政令指定都市としては、全国初のケースになる。

広島市は、二〇〇二年八月二九日に、二〇〇三年の市長選挙で市内八区のうち安芸区を対象に電子投票を実施するという方針を決定した。同日夕方のＮＨＫ地方ニュースや、翌日三〇日の『中国新聞』朝刊などで、「来年の広島市長選挙で電子投票が安芸区限定で実施」という旨の報道がなされた。

安芸区で電子投票を実施する理由として、選挙管理委員会は、模擬投票などの啓発期間が限られ、有権者が最も少ない安芸区は周知しやすいこと、投票率が市内でもトップクラスであり、年代構成が市平均に最も近いこと、安芸区をＩＴのモデル区に位置づけ、ノウハウを蓄積したいと考えていることなどを挙げた。

安芸区の選挙人名簿登録者数は、広島市長選挙の告示日前日の時点で、五万九三五五人（二〇〇三年一月一八日現在）であった。市内の他の七区の選挙人名簿登録者数を参考までに挙げると、一月一八日の時点で、中区が九万九六五九人、東区が九万五四八八人、南区が一〇万八七四五人、西区が一四万一四七一人、安佐南区が一六万三三四八人、安佐北区が一二万四五〇〇人、佐伯区が九万七九九七〇人であった。

この数字からわかるように、広島市内の八つの区のなかで、安芸区の選挙人名簿登録者数は最少である。安芸区を含む広島市全体の選挙人名簿の登録者数は、合計で八九万五三六人になる。

各区の投票所の数は、安芸区が一七か所で最も少ない。安芸区の選挙人名簿登録者数自体が少ないため、投票所も少ないのは明らかである。他の区では、中区が二三か所、東区が二二か所、南区が三三か所、西区が三六か所、安佐南区が三八か所、安佐北区が六〇か所、佐伯区が三〇か所となっている。市内すべてを合計すると、二五九か所になる。

市長選では、安芸区だけで電子投票が実施されるとはいえ、不在者投票については、市内のすべての区で自書式投票であり、安芸区でも自書式投票であった。今回の選挙において、選挙当日の投票方法は、安芸区以外の他の七つの区では、候補者に丸印を付す方法である記号式投票であった。

広島市安芸区で電子投票が実施されるに至った経緯を簡単に追ってみよう。

まず、二〇〇〇年九月二八日にさかのぼる。当時は、参議院比例代表選挙への非拘束名簿式の導入が国会で検討されており、広島市は、森喜朗首相をはじめ、与党関係者に対して、電子投票の早期実現についての要望書を提出した。

同年一二月一五日には、秋葉忠利広島市長が首相官邸を訪ね、試行的に電子投票を導入する場合には、広島市が受け入れたいという意向を伝えた。

二〇〇一年二月一日には、広島市電子投票実務研究会が設置され、第一回目の研究会が開催された。この研究会は、同年五月まで四回にわたり、開催された。

五月八日には、総務省に対して、広島市電子投票実務研究会の中間報告書を提出した。

一一月一五日に、衆議院政治倫理確立・公職選挙法改正特別委員会の委員長らに対して、行政区単位での導入と、国の全面的財政支援についての要望書を提出した。

一一月三〇日には、電磁記録投票法が成立した。

その後、二〇〇二年二月一日に同法は施行され、同年六月二三日に、岡山県新見市で日本初の電子投票が実施された。

八月二九日に、広島市は、二〇〇三年の市長選挙で安芸区での電子投票の実施を決めた。

九月一九日に、市議会定例会が開会し、「広島市長選挙における電磁的記録式投票機を用いて行う投票に関する条例案」と補正予算案が提案された。

安芸区での電子投票機は、一台あたりのレンタル費用が約八万円で、一一〇台をレンタルする。その中には、視覚障害者向け音声表示型の投票機も一九台含まれている。

電子投票に関連する費用は、約二六〇〇万円であるが、補正予算案では、当初組まれていた選挙関連予算との重複経費を削減し、一一二九万円を計上した。国からの補助が約一一〇〇万円あるとされていたため、補正予算案として計上された分は、ほぼ全額が国の補助で賄える計算になる。一〇月二日の本会議において、条例と補正予算が賛成多数により成立した。なお同条例は、二〇〇三年一月一日施行とされた。

選挙管理委員会は、事前の啓発活動として、区役所と三つの出張所の計四か所（計四台）で常設模擬投票を実施、公民館や集会所、公共施設やJR駅前などで、移動模擬投票を行った。合計で一万六三三一名が体験した。体験者総数を安芸区の有権者数（五万九三五五人）で割ると、有権者に占める体験者の割合は二七・五％になるとされている。

さらに、電子投票機の操作方法を説明するチラシを作成し、配布したり、ホームページを用いた啓発活動も行われた。その他にも、広島市の広報誌の安芸区版で、電子投票機の操作方法について説明を行うなどの啓発を行った。

二〇〇三年一月一九日に、広島市長選挙は告示され、二月二日が投開票日となった。

今回の広島市長選では、安芸区限定で電子投票が実施されたが、最終的な安芸区の投票率は、五二・五二％となり、市内の他の地区よりも高い数字となった。最も低かったのが広島市役所のある中区の四三・〇六％であった。

全市平均では、四四・九四％であり、安芸区は、それよりも七・五八ポイントも高い投票率である。過去の投票率は、広島市全体で、一九九五年の前々回が二九・三〇％、一九九九年の前回が四六・八〇%であった。その数字と今回の結果を比べると、安芸区のみが前回の広島市全体の投票率を上回っているのがわかる。

選挙管理委員会が発表した各区の投票率を挙げると、中区四三・〇六%、東区四五・七四%、南区四四・五四%、西区四三・五四%、安佐南区四三・三八%、安佐北区四四・九七%、安芸区五一・五二%、佐伯区四六・五〇%である。

安芸区と中区との投票率の差が最も大きく、約一〇%もある。他の区が軒並み四〇%台であるのに対して、安芸区のみが五〇%台であるという点から、安芸区での投票率の高さは、電子投票による効果であるという指摘もないわけではない。しかし、この点は、過去の選挙における安芸区の投票率や、他の地区の投票率との差異も確認した上で、判断するべき問題である。

そのため、電子投票の実施が投票率の向上につながるという、単純な因果関係を引き出すことは、困難である。電子投票を導入した最初の選挙では、投票率が上がったとしても、その次の選挙で投票率が低下したのでは、電子投票による投票率の向上は意味をなさない。

二月二日の午後八時に投票が締め切られた後、午後九時二〇分より安芸区民文化センターホールで開票作業が始まった。投票締め切りから開票までは、新見市と同様の手順がとられた。各投票所で、電子投票機から投票用紙にあたる記録媒体が抜かれ、開票所へ送致された後、開票集計システムを用いて電子投票分の集計が行われた。

電子投票分の集計は二〇分で終了し、票の確定と、その結果の発表が午後九時四〇分に行われた。

集計そのものにかかった時間は、実際には七分であった。

その後、不在者投票分の開票作業も行われた。電子投票分と不在者投票分を合わせた開票時間は、全部で四四分であった。前回の市長選挙では、九五分かかったことを考えると、所要時間が半減したことになる。

集計結果をみると、電子投票分の得票数は、二万八九七三票であった。「投票しないで操作を終了」したのは、一四七人であった。

開票事務に従事する職員の数は、前回よりも五一人減の三三人であった。そのうち電子投票分の開票に従事したのは、専属で二名、不在者投票分との兼任が五名であり、合計で七名であった。

広島市安芸区で発生したトラブルは、一件であった。電子投票機のなかには、投票結果を記録する記録媒体（コンパクトフラッシュ）が二つ入っている。二つの内訳は、「原本」と「複写」である。

安芸区で生じたのは、二つのうち、原本には記録されたが、複写には記録されないというエラーであった。原本には、投票したデータが記録されていることが確認され、その時点までのデータは、原本によるものとして保管された後、投票機は予備機に切り替えられた。

各投票機とも記録媒体は原本と複写の二枚ずつが使用されている。それは、今回の安芸区で発生したような複写エラーに備えた対応である。

その後、広島市では、二〇〇二年一〇月三日に公布された条例が安芸区で行われる選挙のみに限定されていることや、市長選挙に限定されていることが問題とされ、二〇〇六年四月一日に廃止された。

3　白石市

白石市は、宮城県の内陸部にあり、南境を福島県と接し、仙台市と福島市のほぼ中央に位置している。面積は、二八六・四七平方キロメートルである。歴史をさかのぼると、もともと白石市は、伊達政宗の重臣である片倉小十郎の城下町であった。現在も白石城が残っている。

日本で三番目、東北地方では初めての電子投票が白石市で実施されることが二〇〇二年九月に決定された。

二〇〇三年三月二日現在の白石市の選挙人名簿登録者数は、男性一万五八一四人、女性一万六九〇七人で、合計すると、三万二七二一人であった。一つの投票所あたりの有権者数は、白石第三投票所にあたる白石第二小学校が最大で四四九四人、小原第六投票所にあたる小久保平集会所が最小で二二人であった。

二〇〇三年四月二七日の白石市議会議員選挙当日の有権者数は、三万二二七四人であった。男性は一万五五八九人で、女性は一万六六八五人であった。

白石市選挙管理委員会は、電子投票を実現するにあたって、次のような趣旨があると述べている。

「近年の選挙は、投票時間の延長や不在者投票がしやすくなったことなどにより、事務が増加、複雑化しています。また、現在の投、開票システムでは、投票の利便性の向上や選挙結果の迅速な公表といった今日的要請に応えることは困難になっています。このような課題を解決するため、電子機器を利用した新たな投、開票システムを導入し、開票事務の効率化・迅速化、投票意志の選挙結果への正確な反映、投票方法のバリアフリー化を図るものです」。

さらに、電子投票を導入することでもたらされる効果としては、開票時間が短縮され、従事時間が減少されること、無効票が大幅に減少し、投票者の意思が選挙結果に正確に反映されること、投票方法のバリアフリー化により、障害者などの投票を促進することができること、投票方法の簡素化や新たなシステム導入にともない、投票率の向上が期待できることなどが挙げられている。

白石市での電子投票の導入へ向けた動きは、新見市や広島市と比べると、やや後発という感じは否めない。それというのも、二〇〇一年一二月七日の電磁記録投票法の公布後に、白石市独自の動きが具体化したようにみえるからである。

一二月一四日に白石市電子投票導入検討会議が設置され、第一回目の検討会が開催された。検討会議は、二〇〇二年八月まで、六回にわたり開催された。

白石市は、二〇〇二年九月五日に開会した定例市議会において、「白石市議会の議員及び白石市長の選挙における電磁的記録式投票機による投票に関する条例」案を提出し、九月二五日に成立した。同条例は、二〇〇三年四月一日より施行されることになった。

二〇〇二年一〇月二四日には、白石市電磁的記録式投票機選考委員会が開催された。同委員会は、学識経験者二名、市民代表七名、宮城県職員一名、白石市職員一名の計一一名で構成され、翌年一月までに三回にわたり開催された。

年が変わり二〇〇三年一月一〇日に、電磁的記録式投票機の入札が行われた。その結果、東芝が落札した。

一月二〇日に、啓発活動が開始された。

白石市議会議員選挙は、四月二〇日に告示され、四月二七日に投票日となった。定数二四名に対して、二八名が立候補した。

白石市議選の投票率は、七二・五〇%であった。一九九五年の前々回は七八・九六%であったが、一九九九年の前回は七二・〇六%であったため、今回は、わずかながらも前回よりも投票率が上がった。

投票日の午後八時に投票が締め切られた後、各投票所から記録媒体が開票所の白石市中央公民館ホールに移送された。その後、開票は、午後九時に始まった。電子投票分は、二万一五五二票であり、職員二人が集計作業を行った。午後九時四五分には、電子投票票分の集計が確定し、開票結果が発表される予定であったが、実際には、予定より一〇分遅れの九時五五分となった。

一〇分の遅延理由は、次のようなことであった。当日使用した電子投票機は、全部で一〇七台であった（実際に用意した投票機は、一一〇台）。各投票機に入っている記録媒体は、機械の台数と同じ数の一〇七枚となるが、そのうち二枚がゼロを示していたため、その確認作業に手間取ったことが理由である。

選挙管理委員会では、ゼロという記録媒体が出てきたため、確認作業を行ったところ、二台の投票機が使われていなかったことがわかり、決着がついた。確認作業には、記録媒体の「原本」以外にも、「複写」も調べて対応したという。

不在者投票分は、一八四七票であった。不在者投票分の開票には、約二時間かかり、それらも含め、すべてが確定したのは、午後一一時頃であった。前回の一九九九年の選挙では、開票時間が四時間半かかったが、それから比べると、大幅な時間の短縮となった。

白石市では、三件のトラブルが発生した。それらは、異なる三か所の投票所で起こったが、いずれも投票に来た有権者が投票カードを投票機に逆向きに挿入したため、機械が作動しなくなるというものであった。トラブル発生後、それぞれ予備機を使用して対応した。

白石市は、その後、数回にわたり電子投票を実施した。第二回目は、二〇〇四年一〇月三一日の市長選であり、第三回目は、二〇〇七年四月二二日の市議選、第四回目は、二〇〇八年一〇月二六日の市長選となっている。

4　鯖江市

福井県鯖江市は、福井県嶺北地方の中央にあり、北は福井市と隣接し、南は越前市と隣接している。面積は、八四・七五平方キロメートルである。

鯖江市は、ユニバーサルデザインの実践によるまちづくりを標榜している。二〇〇二年年三月には、「人に優しく、易しく、人が優しいまち鯖江」の実現に向けて、ユニバーサルデザイン実践都市宣言を行い、その一環として、日本で四番目となる電子投票の実施を目指した。選挙管理委員会の説明によれば、電子投票の導入により、従来の投票方法では投票が困難であった市民にも参加を促し、参政意識の高揚を図るとともに、有権者の意思を正確に選挙結果に反映させたいということであった。

これまでに電子投票を実施した他の自治体と比べると、鯖江市では、電子投票のもたらすバリアフリー効果を積極的に挙げている。鯖江市自体がユニバーサルデザインの実践を志向していることから、その流れのなかに電子投票を位置づけている。

鯖江市の選挙人名簿登録者数は、五万一九七〇名（二〇〇三年六月二八日現在）であり、男性二万四九八一人、女性二万六九八九人である。今回は、鯖江市議会議員選挙で電子投票が実施された。

鯖江市では、他の自治体と異なり、電子投票の導入へ至る詳細な経緯を投票日当日の視察のための資料や、ホームページ、その他の選挙結果の総括に関する文書などにおいて公表していなかった。公表されている経緯は、二〇〇一年一一月三〇日に成立し、一二月七日に公布された電磁記録投票法を受け、鯖江市の条例をつくったことと、電子投票機器の選定委員会を開催し、業者を入札によって選定したことだけであった。

二〇〇三年三月二四日に、「鯖江市の議会の議員および長の選挙における電磁的記録式投票機による投票に関する条例」が成立し、四月一日より施行された。

三月二八日には、電磁的記録式投票機器選定委員会が開催され、四月一〇日には、鯖江市議会議員選挙における電子投票実施支援業務委託入札が行われ、電子投票普及協業組合が一四八万円で落札した。

四月二二日より、電子投票の啓発活動が始まった。常設の模擬体験が可能な場所は、市役所市民ホール、文化の館、アイアイ鯖江などの公共施設であり、市内のショッピングセンターやスーパーマーケットなどには電子投票体験PR隊が出向くかたちで啓発が行われた。移動式の啓発活動は、その他にも、市内町内会、老人会、祭りや体育大会などのイベントや会合の会場をはじめ、自動車移動体験隊、障害者出前体験啓発などを通して行われた。

選挙管理委員会の発表によれば、一万三六三六名を六月二日現在の有権者数（五万一七九五名）で割った数字は、「二六・三三％」とされている。数字の上では、鯖江市の有権者総数の約四人に一人が、七月六日の投票日以前に電子投票を事前に体験したことになる。

六月二九日に、鯖江市議会議員選挙は告示され、七月六日が投票日となった。定数二六名に対して、三〇名が立候補した。

即日開票のため、午後八時に投票が締め切られた後、開票は、鯖江市総合体育館で午後九時一〇分より始まった。開票作業は、大きなトラブルもなく順調に進んだ。その結果、集計自体は一四分で終了した。午後九時四〇分の第一回速報で、電子投票分すべてについては開票が終了した。不在者投票分は、二四八六人であった、その集計も特にミスはなく、スムーズに開票作業が終了した。

当日使用された電子投票機は、各投票所に設置された九五台であり、さらに、予備機が一四台あり、合計で一〇九台であった。市内の投票所は全部で一八か所である。

鯖江市でのトラブルに関しては、有権者が電子投票機に正しく投票カードを入れなかったり、投票所の入場券を機械に入れてしまったために生じたトラブルであった。この点は、啓発の時点で対処可能な問題であった。それ以外に、目立ったトラブルはなかったようである。

その後、鯖江市では、二〇〇四年九月二日に電子投票にかかるコスト高を理由として条例を廃止してしまった。

5 可児市

岐阜県可児市は、県の中南部に位置しており、面積が八四・九九平方キロメートルである。可児市には、戦国時代の武将である明智光秀の明智城址などがあり、数々の史跡も存在する。地理的に、可児市は名古屋市のベッドタウンとして人口が増加してきた。

可児市の総人口は、九万六六六六人（二〇〇三年四月一日現在）である。選挙人名簿登録者数は、二〇〇三年七月二〇日現在、七万二一四四人である。その内訳は、男性三万五四一六人、女性三万六七二八人である。この数字から明らかなように、中部地方初で、日本では五番目になる可児市での電子投票の実施は、これまでに行われた四つの事例とは異なり、人口規模の面でも、地理的条件の面でも、いわば、都市型の選挙に近いといえる。

可児市選挙管理委員会では、電子機器を利用した新たな投・開票システムの導入により、選挙事務の効率化・迅速化を図ること、無効票の発生を防止し、有権者の投票意思を正確に反映させること、投票行為のバリアフリー化などを実現するために電子投票を導入した。可児市では、「まちづくりは選挙から！」を標語としており、新しい投・開票システムの導入がＩＴ化によるまちづくりの戦略的な投資にもつながると位置づけている。

可児市での電子投票の導入は、まず、二〇〇一年九月一一日に、市議会の一般質問で、電子投票の導入に関してなされたことを契機としている。

同年一一月には、国会で電磁記録投票法が成立し、一二月七日に公布された。

翌二〇〇二年六月二三日に新見市で電子投票が実施された。その翌月の七月三〇日に、可児市では、電子投票の模擬選挙が実施された。模擬選挙は、この一回だけではなく、それ以降も数回にわたり機種をかえて実施され、有権者に対するアンケートも実施された。

九月二七日に、選挙管理委員会は、電子投票の導入を決め、一〇月二一日に電子投票導入プロジェクトチームが設置された。

一一月一九日に、可児市は、岐阜県の外郭団体㈶ソフトピアジャパンに技術支援を要請した。

一二月一〇日と一一日には、可児市議会で、二〇〇三年の市議選への電子投票の導入に関する一般質問が行われた。

二〇〇三年二月九日より、地域の老人クラブなどを対象に電子投票の体験が開始された。

三月三日に、市議会三月定例会において、電子投票関係条例案と予算案が上程された。

三月二〇日の市議会最終日には、同条例案と同予算案が全会一致で可決された。

四月に入り、電子投票機の業者は、富士通・ムサシに決まり、契約が完了した。投票日には、市内二九か所の投票所で使用する一六〇台に、予備の七台を加えて、合計で一六七台の電子投票機を用意することになった。

五月から六月にかけては、市役所、文化センター、市内大型店などに電子投票機を常設したり、巡回し、有権者に対する啓発活動を行った。

七月一三日に、可児市議会議員選挙が告示され、七月二〇日の投票となった。定数二四議席のところ二九名が立候補した。

開票は、可児市総合会館大ホールで、午後九時五分より始まった。

電子投票分は、約四万票であったが、開票は一三分で終わった。その後、不在者投票分の五六〇〇票の開票が行われた。電子投票分と不在者投票分を合わせて、午後一〇時過ぎには、すべての開票が終了した。

しかし、開票作業を進めるうちに、電子投票者数は、四万一二一二人であるにもかかわらず、確定票は、四票多い四万一二一六票であることが明らかになった。

七月二二日付の『岐阜新聞』の報道によれば、多かった四票のうち三票については、仮投票を受け付けたためであるとされている。仮投票とは、投票資格に疑問があるときなどに仮に投票を受け付ける制度であり、電子投票では認められていない。しかし、実際には、三件の仮投票はいったん受け付けられたため、この三票が確定票に含まれたようであるが、その後、仮投票は不受理となった。この点から「四票多い」分の三票分の原因はわかったが、まだ一票の誤差についての説明はなしえない。

不在者投票分についても、一票の誤差があった。不在者投票者数は、五六四一人であったが、確定票分は、五六四〇票であり、一票少ない。

最終的に、電子投票分の確定票は一票多く、不在者投票分は一票少ないという、奇妙な結果となった。確定票は、即日開票の後、午後一一時に、選挙管理委員会から発表されたが、記者会見の際、票数の誤差については、「わからない」を繰り返すばかりであったという。

トラブルは、開票の際の誤差だけではなかった。実際には、投票の最中にも電子投票機が停止するなどのトラブルが起こっていた。

投票日の翌日の新聞には、「可児市議選、電子投票でトラブル」、「電子投票、期待裏切る」、「全国初の方式暗雲」、「電子投票、一時出来ず」といった見出しが並んだ。いずれも可児市の電子投票でトラブルが発生したことを報道し、電子投票に対して、マイナスのイメージをもたらす記事であった。

また、トラブルについて、「電子投票機が停止」、「高温、システム一時停止」、「扇風機で冷却、選管ドタバタ」、「職員ら右往左往」などのように、より詳しく表現している記事もあった。さらに、開票の際の誤差に触れている見出しもあり、「一票合わず」、「深夜まで大混乱」などと表現されていた。

電子投票機が停止したトラブルとは、次のようなものであった。

投票日の午前中の早い時点で、投票システムにトラブルが発生した。

午前七時五五分頃、広見第二投票所にあたる広見公民館ゆとりピアでは、電子投票機七台中のうち二台で、タッチパネルの反応が悪くなった。その後、午前九時前には、投票機の異常を示す赤ランプが点灯し、すべての投票機が投票を受け付けなくなった。

可児市では、これまでに電子投票を実施した四つの自治体が導入したスタンドアロン方式ではなく、クライアントサーバー方式を導入した。スタンドアロン方式は、各投票機の内部に記録媒体が入っており、それに情報が記録されるため、投票が締め切られた時点で、記録媒体を取り出し、それらを開票所へ移送し、集計するという段取りである。

それに対して、クライアントサーバー方式は、投票所ごとにサーバーを置き、各投票機からの情報をサーバーに集める。光磁気ディスク（ＭＯ）に情報を一括して記録する方式である。スタンドアロン方式では、一台の投票機につき一枚の記録媒体があるのに対し、クライアントサーバー方式では、一つの投票所につき一枚の記録媒体となり、各投票所の段階で情報が集約される。同方式は、全国で初めての採用であり、都市型のものとして注目されていた。

しかし、可児市の場合には、そもそも情報を集める役割を果たすサーバーが情報を受け付けなくなったのである。複数の投票機をＬＡＮ（構内通信網）で結び、投票機からの情報をサーバーに集めるのであるから、サーバーが稼動しなくなったら、そもそも投票機が投票を受け付けない。そうなると、有権者が投票できなくなる。

このような事態は、広見第二投票所の一か所だけではなく、午前九時頃から七か所の投票所で発

概要

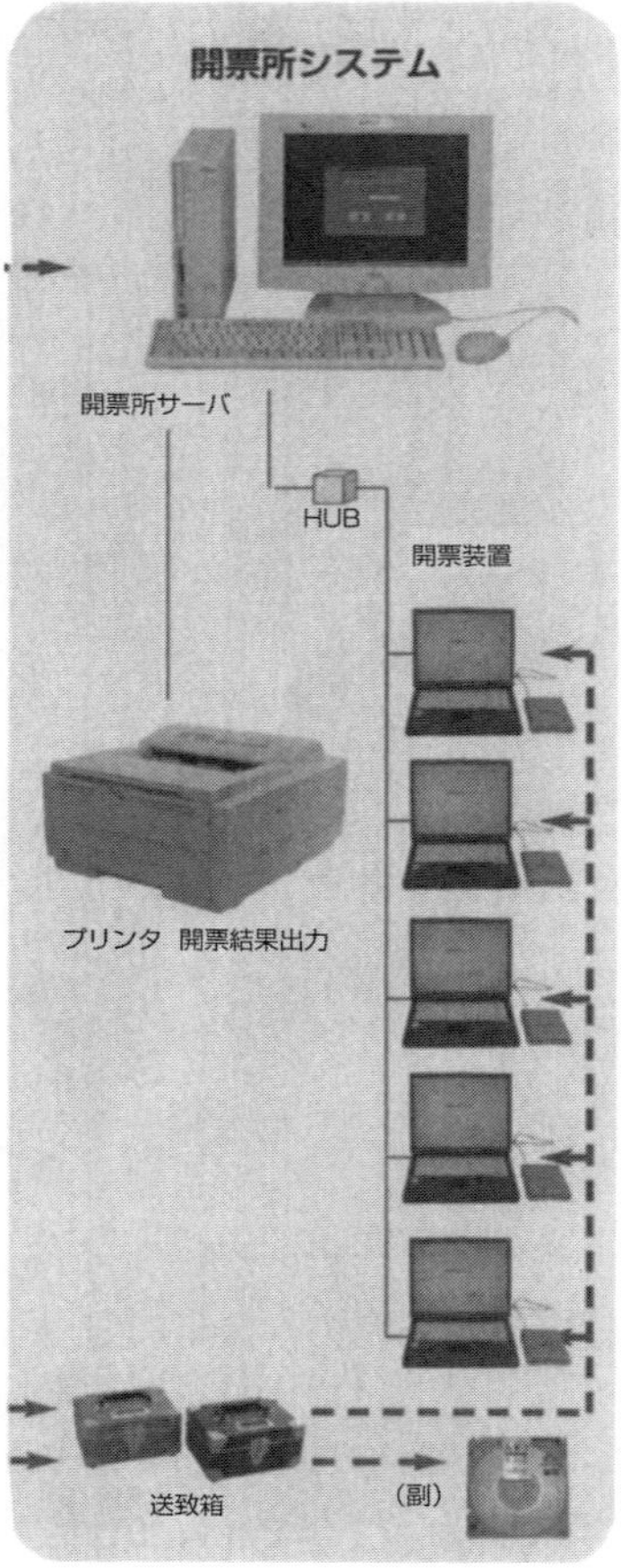

視察のしおり」

図 7　クライアントサーバー方式のシステム

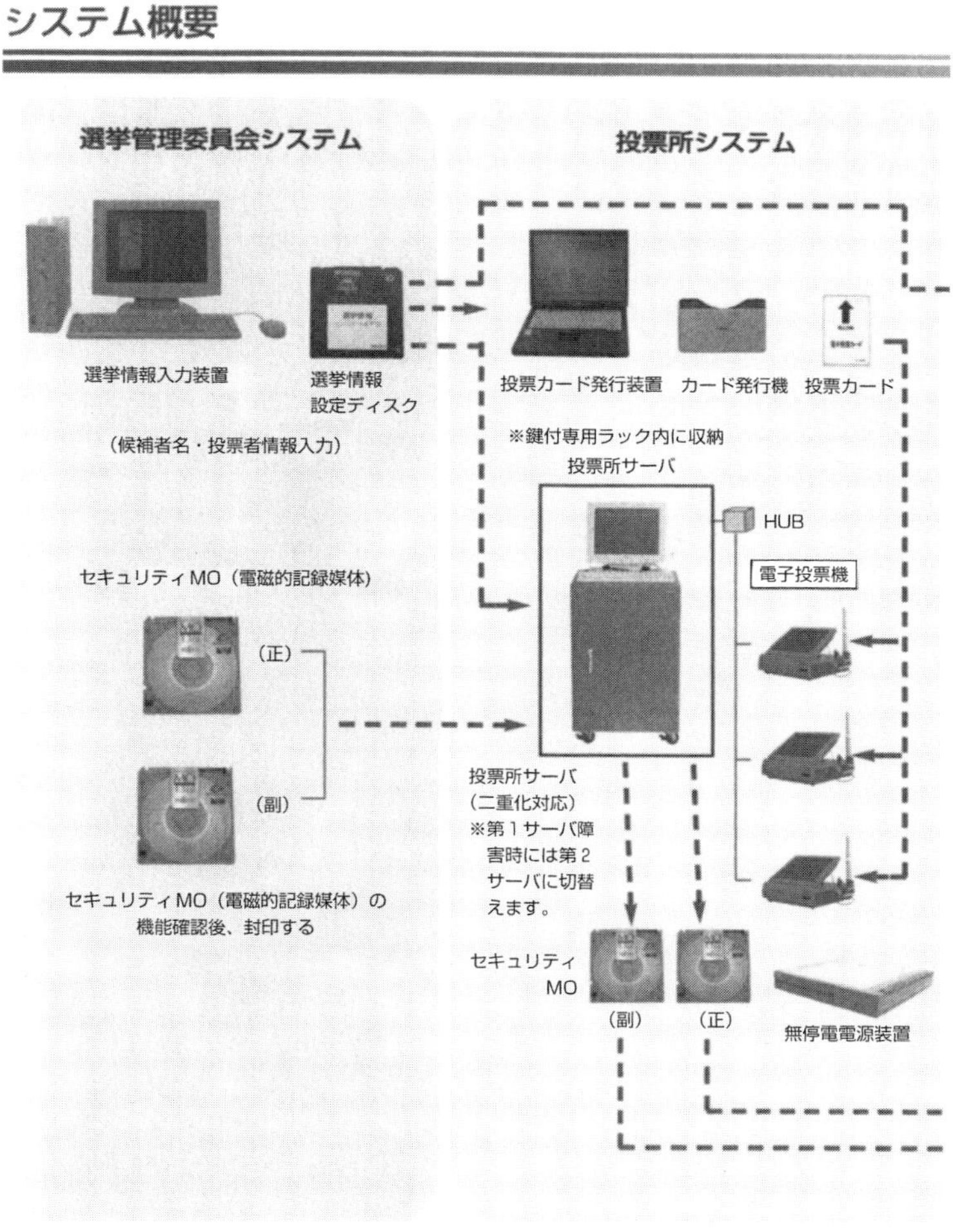

出所　可児市選挙管理委員会「電子投票で行う可児市議会議員選挙

生した。そこで、すべての投票所において、サーバーを予備用に切り替えるなどの対応をしたため、投票が一時中断された。

投票所へ来ていた有権者は、投票ができずに足止めされた。有権者のなかには、復旧まで待ちきれずに、投票せずに帰ってしまうケースもあった。また、一時間ほど待った有権者もいた。

トラブル発生の原因は、サーバーの加熱だとされる。予備のサーバーに切り替えるとともに、扇風機でサーバーを冷やすなどして応急措置をとった。その後、選挙管理委員会は、行政無線で復旧したことを放送した。

サーバーのダウンによる投票結果の記録への影響はなかったとされる。

投票日当日、現地では、サーバーがダウンしたのは七か所だけではなく、本当のところは、市内二九の投票所すべてであるという声もあった。しかし、同日に選挙管理委員会が公式に発表したのは、トラブルがあったのは七か所であり、他の二二か所も併せて予備用のサーバーに切り替えたという趣旨の内容であった。

トラブルばかりが目立った可児市議選を受け、七月二三日には、市民の有志一〇名が可児市選挙管理委員会に対して、トラブルの原因などに関する質問を記した要請書を提出した。選挙管理委員会は、当初、トラブルが発生したのは、七か所であるとしてきた。しかし、実際には、市内二九か所でトラブルが発生していたことが市民有志からの質問に対する回答で明らかになった。

その後、八月四日には、市民の有志二一名と、次点で落選した候補者の陣営との二組が今回の選挙の無効を求めて、可児市選挙管理委員会に異議を申し出た。同選挙管理委員会は、八月二九日までに異議の申し出を棄却した。

その後、岐阜県選挙管理委員会での審査の申し立ての棄却を経て、名古屋高等裁判所に提訴され、二〇〇四年九月三〇日に選挙無効の判決が下された。県選挙管理委員会は上告したが、二〇〇五年七月八日に最高裁判所で棄却され、選挙無効が確定した(3)。

可児市では、二〇〇六年三月二三日に、条例の適用を規則で定めることとし、当面条例を凍結することにした。

6 大玉村

福島県安達郡大玉村は、二本松市と郡山市の間にある田園地帯である。地理的にみると大玉村は、福島県のほぼ中央に位置している。

大玉村の選挙人名簿登録者数は、二〇〇三年七月二八日現在、六七〇七人である。その内訳は、男性が三二七三人、女性が三四三四人である。

大玉村では、電子投票の実施により、無効票の減少や開票時間の短縮に大きな効果が期待できると判断したため、導入を決めたと説明している。

大玉村で電子投票を実施しようという動きが出てきたのは、二〇〇一年の電磁記録投票法の成立以降のことである。翌二〇〇二年六月の新見市での電子投票の実施後、大玉村では、八月五日の「おおたま夏まつり」で電子投票のデモンストレーションを実施したのが発端となる。

八月七日に、内部の委員会で電子投票の導入に向けて、調査・検討を行うことが正式に決まった。

八月一五日に行われた大玉村の成人式では、新成人をはじめ、来賓などが電子投票のデモンストレーションを体験した。その後、八月から九月にかけて、敬老会などでも体験コーナーが設置され、高齢者の体験も促進した。

九月一日には、職員による電子投票導入庁内検討委員会が設置された。

九月一七日には、大玉中学校生徒会選挙が電子投票により実施された。

一〇月一五日に、電子投票導入庁内検討委員会の報告書が提出された。それを受け、二五日には、調査・検討と啓発のための企画立案コンペが実施された。

一一月一日に、電子投票の導入が委員会で正式に決定され、七日には、電子投票導入推進委員会が設置された。同委員会は、それ以降、電子投票機関連業者の選定とともに、電子投票についてのさらなる調査・研究を行い、啓発も実施することになった。

一二月三日には、定例村議会に条例案が提出され、全会一致で可決された。条例は、同日に公布され、二〇〇三年四月一日施行となった。

年が変わり二〇〇三年三月二七日には、業者を選定するための企画立案コンペが実施され、四月一日に、NTT東日本と大玉村との間で業務委託の契約が締結された。

六月二九日と七月六日の二回にわたり、全村模擬投票が実施され、行政による啓発活動が大規模に行われた。

七月二九日に告示された大玉村議会議員一般選挙は、八月三日が投票日となった。なお定数一六名に対して、一七名が立候補した

投票率は、前回よりも約六ポイント下がり、八三・四四％であったとはいえ、かなり高い投票率である。過去の投票率を参考までに挙げると、一九九五年の前々回は九三・一七％であり、一九九九年の前回は八九・四七％であった。

八月三日の投票時間は、午前七時から午後六時までとされ、開票は、午後七時半から大玉村保健センターで行われた。当日の有権者数は、六六三七人（男性三二四四人、女性三三九三人）であった。実際に投票を行った有権者数を示す投票者総数は、五五三八人であった。その内訳は、電子投票分が五二四四人で、不在者投票分が二九四人であった。

電子投票分の開票を担当する職員は二名で、開票そのものは、一六分で結果が判明した。不在者投票分の開票も含め、開票時間は全部で一時間程度であった。前回の選挙のときには、開票に二時間半かかったにもかかわらず、今回は一時間で終了したため、電子投票による効果として期待された開票時間の短縮は実現したことになる。

開票後に明らかになった票の内訳は、有効投票が五五〇七票、無効投票は六票（不在者投票分）であった。前回の選挙では、無効票が五〇票であったということを考えると、無効票の大幅な減少

である。

さらに、電子投票分で「操作を途中で終了」した者の数は、二五人であった。

大玉村の投票所は、全部で六か所であったが、投票所に配置された職員の数は、一九九九年の前回の選挙が三六人であったのに対し、今回は三九人であった。開票所に配置された職員数は、前回が三八人で、今回が一七人であった。

今回の選挙にかかった費用は、前回七〇〇万円を上回る金額の一〇五〇万円であった。そのなかで、電子投票に関連した費用の半分は国からの補助があり、啓蒙活動のための人件費は、県の緊急雇用創出基金を活用した。それらを合わせて約二五〇万円が国と県から支給されるため、総額では値上がりしたが、大玉村自体の負担は、前回とあまり変わらない約八〇〇万円である。

大玉村では、全部で七件のトラブルがあった。いずれも投票カードに関連したものであった。

まず、投票開始直後の午前七時過ぎに、玉井第一投票所にあたる大玉公民館・役場裏で、投票カードのトラブルが発生した。未使用のカードをカード発券機で投票可能にする操作を行ったときにリードエラーが生じた。同様のリードエラーは、その後も四件も連続して発生した。有権者へのカード交付以前に生じたため、投票には影響がなかったとされる。

玉井第二投票所の西部ふれあいセンターでは、一台の投票機が作動しなくなるトラブルが発生した。投票カードを投票機に挿入しても認識されない状態となり、予備機に交換して対応したという。

その他にも、投票機への投票カードの挿入時の抜き差しによって、カードが破損し、認識しないなどのエラーが生じた。

結果的に、大玉村でのトラブルは、投票機が作動しなくなったケースが一件、投票カードのリードエラーが五件、カード破損により認識しないエラーが一件であり、合計で七件であった。

その後、大玉村では、二〇〇七年八月五日の村議選で二回目の電子投票を実施した。

7 海老名市

神奈川県海老名市は、県のほぼ中央に位置している。面積は、二六・四八平方キロメートルである。海老名市には、JR相模線、小田急線、相鉄線などの路線が通っており、それらの鉄道を利用することで、東京都心の新宿や横浜から約一時間程度で到着する。

海老名市での電子投票の実施は、関東初の事例であり、首都圏でも初めてのことである。海老名市の人口は、選挙が行われる二か月ほど前の二〇〇三年九月一日現在で、一二万六二六人であった。選挙人名簿の登録者数は、九万六一八二人である（二〇〇三年九月二日現在）。その内訳は、男性四万九〇〇三人、女性四万七一七九人である。

海老名市での実施は、市長・市議選挙のダブル選挙であったが、同時に、衆議院議員総選挙の投票日とも同日となった。投票率は、市長選が六六・〇五％、市議選が六六・〇五％であった。

参考までに過去の投票率を挙げると、市長選は、一九九五年の前々回が二六・六一％、一九九九年の前回が五五・七九％であった。市議選は、一九九五年の前々回が五一・〇三％、一九九九年の前回が五五・八〇％であった。

海老名市では、二〇〇一年の電磁記録投票法の成立・公布の後、二〇〇二年二月一日に同法が施行されたのを受け、海老名市での電子投票実施に関して、三月、九月、翌二〇〇三年三月に、市議会で質問としてとり上げられた。

二〇〇三年三月二〇日に、海老名市選挙管理委員会は、電子投票の導入を決め、四月四日に導入計画書を策定した。

その後、四月二一日に、第一回目の内部検討部会が開催された。第二回目の検討部会は、五月九日に開催された。

五月二七日に、海老名市長が記者会見し、海老名市での電子投票の導入を発表した。

六月二日に、第一回目の電磁的記録式投票機選考委員会が開催され、同月一〇日には、第二回目の選考委員会が開催された。複数の業者のシステムを検討し、選考した結果、三つの業者に絞られた。

六月一三日に、市議会で、「海老名市議会の議員及び海老名市長の選挙における電磁的記録式投票機による投票に関する条例案」と補正予算案が可決された。

六月二五日には、入札が行われ、最終的に、NTT東日本が九五九万円で落札した。契約は、七月二日に行われた。

一一月二日に、海老名市長・市議選は告示され、一一月九日の投票となった。市長選には、三名が立候補し、市議選には、定数二四名のところに二九人が立候補した。

海老名市で電子投票が実施されたのは、衆院選と同じ日であったため、有権者が同時に電子投票と自書式投票を行った。二つの異なる投票方法を同時に経験することで、有権者は、いずれの投票方法が好ましいかを認識することができる。

海老名市長・市議選は、電子投票で行い、衆院選は、従来どおりの自書式の投票であった。自書式投票は、小選挙区における候補者名の記入と、比例区における政党名の記入とでなされた。当日の投票の手順は、有権者が投票所に入ると、まず、市長・市議選への投票を電子投票で行い、次に、小選挙区への投票と比例区への投票を自書式投票で行い、最後に、国民審査の投票を行うというものであった。

開票は、午後九時一〇分から海老名市運動公園総合体育館大体育室で行われた。当初、開票三〇分後の午後九時四〇分に電子投票分の集計が確定し、一時間後の午後一〇時一〇分に不在者投票分の集計も確定し発表がなされる予定であった。しかし、確定した開票結果が発表されたのは、予定より二時間以上も遅い、午前零時半であった。

海老名市選挙管理委員会は、初めての電子投票の実施と衆院選が同日に重なってしまったため、作業に手間取り、単純なミスも生じ、票を確定するのに時間がかかったと説明した。

集計作業の際に、電子投票の投票者数と投票数とが一致しなかったため、その確認に時間がかかったという。海老名市内の投票所は、全部で二一か所あるが、そのうちの四か所で、投票記録簿の記載ミスがあり、不一致が生じたとのことである。

選挙の翌々日の一一月一一日付の『神奈川新聞』では、海老名市が今回の市長・市議選に電子投票を導入した理由には、前回の市議選で開票ミスがあり、その結果、当選者が入れ替わるというトラブルがあったことも関連していると報道されている。今回は、電子投票により三〇分で開票が終了した。それにもかかわらず、確定に数時間もかかったのでは、電子投票を導入した効果が全くみられなかったことになる。

開票結果をみると、市長選の投票者総数は、六万二六六六人であった。そのうちの不在者投票分で生じた無効票が五九六票であった。電子投票分で生じた「投票しないで操作を終了」した者は、二五八二票にも上る。

市議選では、投票者総数が六万二六五九人であった。そのうちの不在者投票分の無効票は三八八票であった。市議選で「投票しないで操作を終了」した者は、二〇七〇票である。

開票結果に示されている数字をみる限り、市長・市議選ともに、「投票しないで操作を終了」した者の数が非常に多いのは、なぜだろうか。「投票しないで操作を終了」した分は白票扱いになる。海老名市の人口規模が大きいとはいえ、他の実施自治体では、これほどまでに電子投票で白票が発生したことはなかった。

海老名市では、可児市に続き、クライアントサーバー方式が採用された。今回の選挙で設置されたのは、投票サーバー機が四二台と、電子投票機が二〇〇台（予備機二八台を含む）であった。

海老名市では、投票の際と開票の際に、それぞれトラブルが発生した。

投票の際には、まず、第一一投票所の門沢橋コミュニティセンターにおいて、職員による投票機の立ち上げ手順でミスが生じたため、午前七時に投票が開始できなかった。その投票所は、約一〇分の遅れで投票を開始した。

他の投票所では、電子投票機とサーバーとの間の通信トラブルが発生した。また、電子投票機が投票カードを読み込めなくなるトラブルも発生した。

開票の際のトラブルとしては、すでに説明したように、電子投票の投票者数と投票数との不一致が判明したこと、その後、確認作業に手間取り、開票結果の判明が大幅に遅れたことなどが挙げられる。

数の不一致については、職員による単純なミスであったと説明されている。四つの投票所の受付で、職員が整理券をバーコードで読み取ったときに入力ボタンを押さなかったため、投票者の実数がカウントされず、投票者数と投票数の不一致が生じたのだという。

今回の海老名市での電子投票の実施にあたっては、市長・市議選に加えて、衆院選が実施され、職員の人手が足りなかったため、人為的なミスが続発したという声も聞かれた。

その後、海老名市では、二〇〇七年一一月一一日に市長選・市議選が行われたが、いずれも自書式投票によるものであった。

8　六戸町

青森県北上郡六戸町は、北上郡の東南部に位置しており、十和田市や三沢市に近接している。

六戸町では、開票事務の効率化・迅速化、投票意思の選挙結果への正確な反映、投票方法のバリアフリー化などに対応するために、電子投票を実施することになった。二〇〇二年三月に改定された六戸町行政改革大綱でも、電子投票実施の検討に言及している。

今回の選挙は、六戸町長選挙であったが、二名が立候補した。六戸町の選挙人登録者数は、二〇〇三年一二月二日現在で、八九九五人である。その内訳は、男性四三三一人、女性四六六四人である。

六戸町は、比較的に早い時期より電子投票の実施を検討し始めていた。

まず、二〇〇二年二月二八日に、青森県選挙管理委員会によって説明会が開催されたのを受け、三月二日の定時登録の委員会で話題として報告がなされた。

秋になり、総務省選挙部管理課による「電磁的記録式投票制度の導入状況についての検討状況」調査を行うための照会があり、一〇月一日付の青森県選挙管理委員会からの調査書に対して、六戸町は、「一五年度中の導入予定」と回答した。その後、六戸町が電子投票の導入を検討していることが、各新聞に掲載された。

一〇月二五日には、第一回目の庁内検討会議が開かれた。構成メンバーは、助役、総務課長、企画財政課長、町民課長、社会教育課長らであった。

一〇月二九日には、第二回目の検討会議が開かれた。そこでは、NTTのデモンストレーションを実施した。福島県大玉村の視察も検討された。

一一月六日には、第三回目の検討会議が開かれた。

一一月二一日に、検討会議委員が大玉村の視察を行った。一二月一八日には、岡山県新見市を視察し、翌一九日には、広島県広島市安芸区を視察した。

二〇〇三年一月八日に、選挙管理委員会が開催され、選挙事務の改善策、選挙訴訟への対応などの面で、電子投票の導入を前提に今後も検討することになった。

五月一六日に、第四回目の検討会議が開かれ、検討委員会報告書が作成された。その報告書は、二三日に、町長に提出された。

六月一〇日には、全員協議会で町議会に説明を行い、NTTと富士通の二つの業者による電子投票体験のデモンストレーションを議員対象に行った。

六月二九日の青森県知事選挙の投票日に、各投票所（一〇か所）で、投票を済ませた有権者を対象に、電子投票のデモンストレーションを行った。

七月一四日に、総務省選挙部管理課へ行き、公職選挙法の一部改正後、期日前投票の初めての選挙となる可能性があること、業者の選定や条例などの制定に注意が必要であること、さらに、寒冷地であるため電子投票機が正常に動くかなどを業者と入念に打ち合わせる必要があることなどの指示を受けた。

七月一七日に、第五回目の検討会議が開かれた。

七月二二日に、第六回目の検討会議が開かれ、東芝によるデモンストレーションが行われた。

八月一日に、第七回目の検討会が開かれ、電子投票普及協業組合によるデモンストレーションが行われた。

八月八日に、第八回目の検討会議が開かれ、機種選考委員会について検討されるとともに、機種の選考についてのスケジュールも検討された。

八月一五日の成人式では、模擬投票が行われた。八月二三日の健康福祉まつりでも模擬投票が行われた。

九月一一日の六戸町議会定例会で、「六戸町議会の議員及び六戸町長の選挙における電磁的記録式投票機による投票に関する条例」が可決された。

九月一二日には、住民代表八名と職員三名からなる電子投票機種選考会が開催された。

九月二四日には、入札が行われ、電子投票普及協業組合が一二六万円で落札した。

一〇月二日には、啓発のために、常設の電子投票機が町役場、文化ホール、老人福祉センターに設置された。

一一月九日の衆院選の投票日には、各投票所にデモンストレーション用の電子投票機が設置され、投票を済ませた有権者に対する模擬投票の体験会が実施された。六戸町の各投票所（一〇箇所）に電子投票のデモンストレーション機を設置し、衆院選の投票を済ませた有権者が模擬投票を行う機会とした。六戸町役場の発表によれば、四二三五名が模擬投票を体験した。

一一月一五日には、メイプルタウンフェスタで模擬投票が実施された。

一二月四日には、六戸町立六戸中学校の生徒会選挙で電子投票が実施された。

二〇〇三年一二月二日現在の六戸町の有権者数は、八九九五名であり、そのうちの約半数が衆院選の際に模擬投票を体験したことになる。それ以外にも、さまざまな機会を利用して継続的に電子投票の啓発活動が行われ、事前の模擬投票の体験者総数は、延べ八六一六名に上った。その数を有権者数（八九九五名）で割ると、九五・七九％になる。数字の上では、六戸町の全有権者のうちで九五・七九％が事前の体験を行ったことになる。この数字は、延べ人数であり、額面どおりに受け取るわけにはいかないとしても、六戸町では、かなり熱心に事前啓発活動が行われたと思われる。

二〇〇四年になり、一月一三日に、六戸町長選挙は告示され、一八日が投票となった。投票率であるが、過去の投票率は、一九九六年の前々回が八七・三八％であり、二〇〇〇年の前回には、六六・六二％と大幅に投票率が低下した。今回の投票率は、八一・三七％であり、前回と比べて上昇した。

六戸町の電子投票では、従来の不在者投票にあたる「期日前投票制度」が初めて実施された。期日前投票とは、二〇〇三年一二月の公職選挙法の一部改正により、新たに創設された制度であ

図 8　期日前投票制度

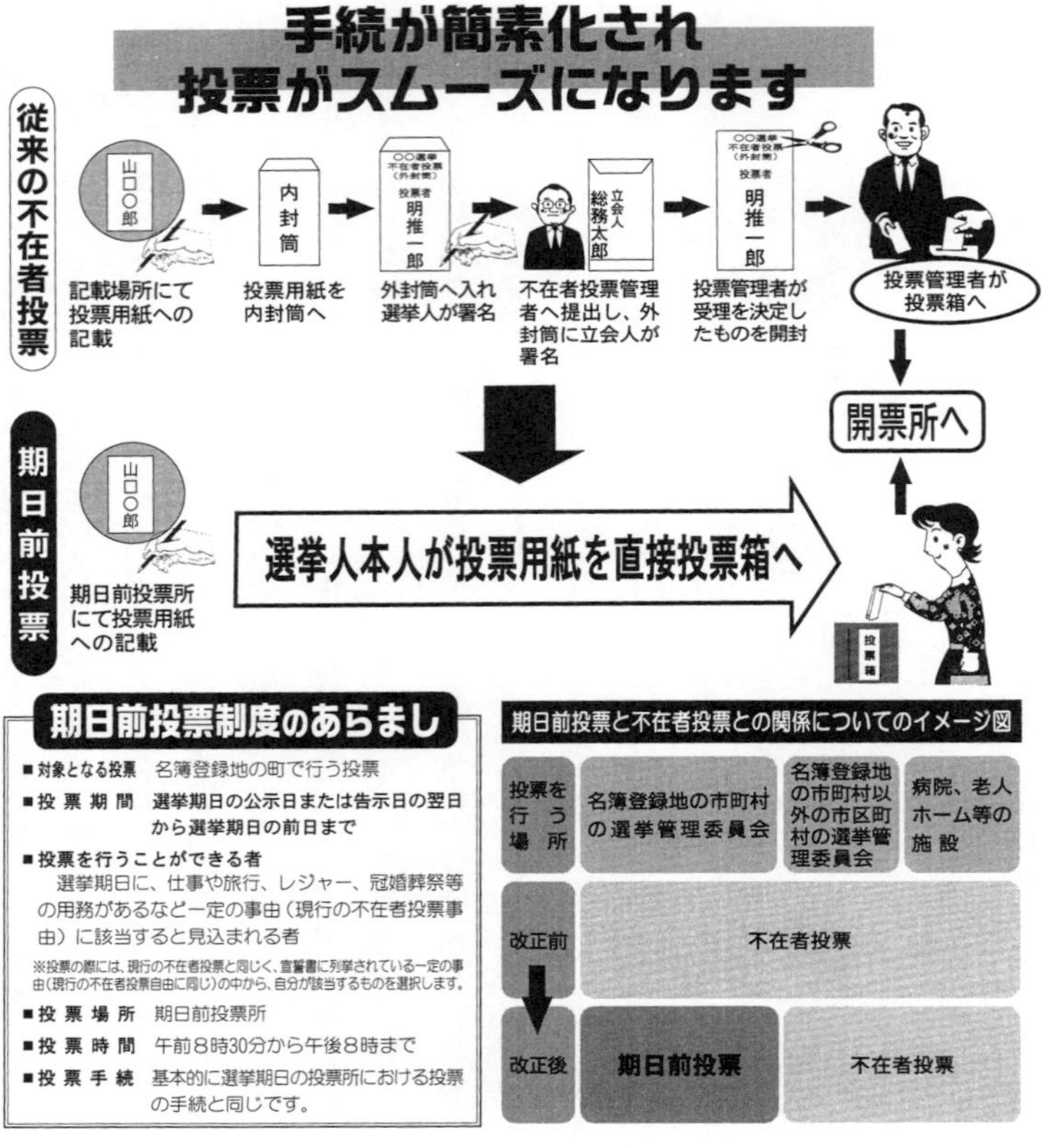

出所　『広報ろくのへ』2003 年 12 月号

る。従来の不在者投票のように、投票用紙を封筒に入れ、それに署名するなどの手続きをとるのではなく、有権者は、期日前投票所で投票用紙への記載を行い、そのまま投票箱へ投票用紙を入れることができる。つまり、投票日に何らかの理由により投票所へ行くことができない有権者は、投票日と同様の手続きの投票を、実際の投票日以前に行うことができるようになった。

期日前投票制度は、地方自治体で電子投票を導入している場合にも適用される。そのため、今回の六戸町の選挙では、初めて期日前投票で電子投票が行われた。これまでに電子投票を実施した自治体では、不在者投票のみは自書式投票であり、その開票に時間がかかっていた。しかし、今回からは、期日前投票制度の創設により、従来の不在者投票にあたる分の投票（＝期日前投票）も電子投票となった。

従来は、不在者投票によって投票した有権者が、投票日までに他の都道府県や市町村に転出したり、死亡していないかを確認した上で、有効投票として取り扱っていた。不在者投票は、電子投票の対象ではなく、自書式投票であり、開票に時間がかかっていたのは、過去の電子投票の実施事例からも明らかである。

期日前投票は、投票日以前に期日前投票所で所定の手続きに則って投票した時点で、それを有効投票として認めている。したがって、投票日の時点で、期日前投票を行った有権者が死亡していたとしても、その人の投票そのものは有効となる。そこで、不在者投票という名称ではなく、期日前投票という名称が用いられるようになった。

投票日には、六戸町の全投票所一〇か所に、合計で三三台の電子投票機と、予備機一〇台が用意された。さらに、期日前投票に三台が使用された。

開票は、午後九時から六戸町文化ホールで行われた。当日と期日前に実際に使用された合計三六台の投票機から抜き取られた記録媒体は、全部で三六枚であった。すべての記録媒体が集計のために読み取り機にかけられた後、一〇分で開票は終了した。読み込み自体には四分しかかからなかった。

投票総数は、七二五六票で、そのうちの有効投票数は七一九三票であった。無効は二票で、「投票しないで操作を終了」したのが三六一票であった。

今回の選挙では、病院などでの投票用紙による投票のみが従来どおりの不在者投票として扱われただけで、それ以外は、すべて期日前投票で行われた。その結果、病院などでの不在者投票分を含めても、二三分で投票結果が確定した。

六戸町では、目立ったトラブルは発生しなかった。これまでの実施事例と比べると、投票も開票も非常に順調に行われたようである。

六戸町では、その後も数回にわたり、電子投票が実施された。第二回目は、二〇〇五年六月一二日の町長選、第三回目は、二〇〇七年四月二二日の町議選であった。二〇〇八年一月の町長選でも電子投票を実施する予定であったが、無投票となったため、そもそも投票自体が行われなかった。

9　京都市東山区

政令指定都市である京都市でも、市長選挙が一つの区だけで実施された。電子投票が行われたのは、東山区であった。東山区には、清水寺をはじめ、いくつかの史跡がある。

東山区の選挙人名簿登録者数は、三万六〇八一人であった（二〇〇四年一月二四日現在）。二月八日の投票日当日の有権者数は、男性一万五六〇二人で、女性二万六五人の計三万五六六七人であった。

東山区の投票所は、一三か所である。今回の選挙では、予備機一〇を含む電子投票機七七台が用意された。その内訳は、期日前投票用の三台と、当日に各投票所へ配置する七四台（予備機一〇台を含む）であった。

残念ながら、京都市東山区で電子投票が実施されるまでの経緯は、公式的なかたちであまり明らかになってはいない。これまでに電子投票が実施された他の自治体については、最低限度の導入の経緯や、かなり詳細な経緯が公表されており、情報が整理されていた。しかし、東山区では、そのようなかたちの情報がほとんどない。

二〇〇三年九月二日に、京都市長提出議案として、「京都市長の選挙に係る電磁的記録式投票機を用いて行う投票に関する条例案」が京都市会に提出された。その後、一〇月三日の議決を受け、条例は成立した。

同年一二月一日より、東山区役所で、電子投票の模擬体験が実施された。年末年始を除き、翌年二月七日までの期間にわたり実施された。つまり、投票日前日までの期間になる。

それ以外にも、啓発活動として、二〇〇四年の年明けから各学区で、電子投票体験コーナーが開設された。たとえば、有済小学校（ふれあいサロン）では、一月一〇日の午後一時から午後四時までと一月一五日の午後五時から午後八時までとか、粟田小学校（ランチルーム）では、一月一一日の午後一時から午後四時までというように行われた。

各学区で、幼稚園や小学校、中学校を中心に啓発活動を行うという形態は珍しい。参考までに挙げると、有済小学校（ふれあいサロン）と粟田小学校（ランチルーム）に加えて、弥栄中学校（ふれあいサロン）、新道小学校（ふれあいサロン）、六原小学校（会議室）、元貞教小学校（ふれあいサロン）、東山小学校（ふれあいサロン）、昭和保育園、一橋小学校（ふれあいサロン）、慧日幼稚園、月輪小学校（ふれあいセンター）、今熊野小学校（ふれあいサロン）などが啓発活動の会場となった。

今回の電子投票機は、入札の結果、電子投票普及協業組合が落札した。

京都市長選挙は、二〇〇四年一月二五日に告示され、二月八日の投票となった。

京都市長選挙に際して、京都市東山区では、日本で九回目の電子投票が実施された。政令指定都市である京都市において、東山区を除く他の区では、自書式投票が行われたが、東山区だけは、電子投票が導入された。

政令指定都市において、特定の一つの地区のみが電子投票を実施し、他の地区では自書式の投票を行った事例としては、他にも二〇〇三年二月二日の広島市長選挙が挙げられる。広島市安芸区では、電子投票が実施されたが、広島市内の他の区では、自書式投票であった。広島市の場合には、結果的に、電子投票を実施した安芸区のみが他の地区よりも高い投票率を示した。

京都市東山区の場合は、前回二〇〇〇年の四五・六三％より二・一二％下がった四三・五一％であった。一九九六年の前々回が四三・〇〇％であったため、今回は、それよりもわずかながら高い数字であった。

しかし、他の地区では、さらに投票率が下がったため、京都市内では、東山区が最も高い投票率となった。そもそも京都市の投票率自体が低く、今回の市長選は、前回の四五・九〇％を七・三二％も下回る三八・五八％であった。

京都市長選挙の東山区での開票は、東山区役所三階大会議室で行われた。投票日の午後八時に投票が締め切られた後、午後九時二〇分より開票が始まった。

他の実施事例と同様に、区内の各投票所より送致された記録媒体が集計のためにシステムで読み込まれた。集計結果が出るまでにかかった時間は一三分であった。東山区では、期日前投票も当日の投票も電子投票であった。投票総数は一万五一五六票である。これらすべての読み込みと集計が一三分で済んだのである。

電子投票機の「操作を途中で終了」した者は、一八七名であった。これらは、「持ち帰りと思われる票数」として報告された。

その他に、電子投票ではなく、紙による投票分が一七六票あった。これらの開票も短時間で済んだ。紙の投票では、「持ち帰りと思われる票数」が一票あった。紙の投票とは、投票日に投票所へ来た有権者のものではない。六戸町でもあったように、病院などでの投票分となる。

電子投票分が一三分で開票終了となり、紙の投票分も短時間で開票が済んだ。東山区では、二二分で開票が終了したとされている。

東山区で、目立ったトラブルは発生しなかった。

その後、京都市では、二〇〇八年二月一七日に執行された市長選の際にも電子投票が実施された。京都市の条例は、電子投票の実施が市長選挙に限定されている。そのときの市長選では、東山区と上京区との二つの地区で電子投票が実施された。

10 四日市市

三重県四日市市は、三重県北東部に位置しており、東側には伊勢湾、西側には鈴鹿山系が位置している。

四日市市の人口は、二〇〇四年四月一日現在で、二九万七九四五人であった。同年九月一日現在の四日市市の選挙人名簿登録者数は、男性一一万二五四八名、女性一一万八二一五名、合計すると、二三万七七六三名であった。

四日市市での電子投票の実施は、過去の実施事例中で最大規模となる。

四日市市選挙管理委員会は、電子投票導入の趣旨について、「近年の選挙は、投票時間の延長や期日前（不在者）投票がしやすくなったことなどにより事務が増加・複雑化」し、「現在の投・開票システムでは、投票の利便性の向上や選挙結果の迅速な公表といった今日的要請に応えることは困難になっている」ため、「電子機器を利用した新たな投・開票システムを導入し、開票事務の効率化・迅速化、投票意思の選挙結果への正確な反映、投票方法のバリアフリー化を図るもの」であると説明している。

さらに、導入による効果としては、次のような三つの点が挙げられている。

第一に、「疑問票が大幅に減少し、開票時間が短縮され、投票者が迅速に開票結果を知ることができる」のであり、「投票者の意思が選挙結果に正確に反映され、開票時間の短縮と開票事務従事者の減員を図ること」もできる。

第二に、「投票方法のバリアフリー化により、代理投票が減り、障害者の方などの投票環境を向上することができる」ことである。

第三に、「投票方法の簡素化や新たなシステムの導入に伴い、投票率の向上が期待でき」ることである。

ここで挙げられている点は、すでに電子投票を導入した自治体が提示した内容と重複している。電子投票導入については、多くの自治体が共通の認識をもち、同様の効果を期待して導入するようになっている。

四日市市での電子投票の導入へ向けた動きは、二〇〇四年になってから本格化した。二〇〇四年三月二九日に、四日市市議会では、「四日市市長選挙等における電磁的記録式投票機を用いて行う投票に関する条例（平成一六年条例第一号）」が制定され、同条例は同年一一月一日の施行となった。四日市市の場合は、条例で電子投票実施が定められているのは、市長選と、市長選と同時に行われる市議補選に限定されている。

三月二九日の市議会では、併せて電子投票関係の予算を含む平成一六年度一般会計予算が可決された。

六月一一日には、電子投票導入に際し、声をかけた電子投票関連企業で九社のうち五社が参加し、業者ヒアリングが行われた。

六月二五日に、四日市市長選挙における電子投票実施支援業務委託入札が行われ、三社による指名競争入札の結果、電子投票普及協業組合が落札した。

その後、七月二〇日から一一月一九日までの間に、さまざまな啓発活動が展開された。大別すると、模擬投票の実施により啓発活動を展開する方法と、その他の手段を用いる啓発方法との二通りある。まず、模擬投票については、市役所ロビーをはじめ、市内二三か所にある地区市民センター、近鉄四日市駅構内の市民窓口サービスセンターなどに各一台の投票機を常設し、模擬投票を可能とした。

それ以外にも、各地区の行事で模擬投票を実施したり、自治会や老人会などの要望により各地区会合場所へ選挙管理委員会職員が出向いて模擬投票を実施したり、明るい選挙推進協議会の主催による模擬投票実施などが挙げられる。また、四日市大学での模擬投票や、市や教育委員会の主催による行事での模擬投票実施もある。

模擬投票以外の啓発活動としては、電子投票機の操作方法を説明するチラシを作成し、配布したり、自治会の組で回覧を行ったり、市のホームページで電子投票について紹介した。『広報よっかいち』の八月上旬号と一〇月上旬号の二回にわたり、電子投票の特集が組まれた。

さらに、ケーブルテレビや三重テレビを通じた啓発や、ＦＭよっかいち（ミニＦＭ放送局）での啓発、ポスターの作成・掲示などによって啓発がなされた。

四日市市では、投票日当日に市内五六の投票所で三八〇台の電子投票機を使用した。期日前投票については、市役所九階大会議室でバリアフリー機一台を含む計七台が使用され、もう一か所の三重北勢健康増進センター（ヘルスプラザ）図書コミュニティコーナーではバリアフリー機一台を含む計五台が使用された。

開票は、投票日の午後九時二〇分より市内の中央緑地公園第二体育館で行われた。四日市市選挙管理委員会によると、開票は、サーバー一台とクライアント五台によるクライアントサーバー方式によって行われた。

開票時間は、電子投票分が三〇分で終了し、病院などからの不在者投票分を含めると、一時間二〇分となった。前回の自書式投票による市長選挙にかかった開票時間は、一時間四〇分であったことを考えると、全体の時間は二〇分程度、短縮されたことになる。ただ、電子投票分だけをみると、わずか三〇分で開票が終了しており、時間短縮になっていることは明らかである。

なお、投票率は、四二・〇七%であった。前回二〇〇〇年一一月二六日に行われた市長選の三一・四一%を大きく上回る数字となった。

四日市市では、特に目立ったトラブルは発生しなかった。投票も開票も順調に行われた。四日市市の場合は、これまでに電子投票を実施した一〇の自治体のうちで最大規模となる。大きなトラブルが発生しなかったことにより、電子投票実施の成功事例を蓄積することになった。

三重県でも、電子投票条例が二〇〇四年一〇月一九日に公布、一一月一九日に施行された。条例の内容は、四日市市で行われる選挙に限定されたものであり、県議補選に限定されていた。しかも、二〇〇四年度末までの時限条例であったため、年度末の二〇〇五年三月三一日に条例は失効してしまった。

その後、県レベルでの条例はつくられておらず、三重県の場合は、四日市市のみが電子投票条例をもっている。

二〇〇五年二月七日には、四日市市と楠町が合併し、新たな四日市市が誕生し、現在に至っている。二〇〇八年一一月三〇日の市長選に際しては、二回目の電子投票が実施された。投票率は、四日市市で初めての電子投票実施であった前回の四二・〇七%をやや上回り、四二・二四%となった。

注

（1）本章の記述に関して、詳しくは以下を参照されたい。岩崎正洋『eデモクラシー・シリーズ2　電子投票』日本経済評論社、二〇〇四年。本章の記述は、主に同書に依拠している。また、電子投票の実施に際して、各自治体が公表した視察用資料やホームページをはじめ、各地での聴き取りによる情報も参考としている。

（2）出口和宏「広島市における電子投票の概要について」『選挙』第五六巻第五号、二〇〇三年五月、一一―一八頁。

（3）柳瀬昇「地方選挙における電子投票をめぐる訴訟――岐阜県可児市電子投票無効訴訟判例評釈」『選挙研究』第二四巻第二号、二〇〇九年、七四―八七頁。

電子投票

前回の開票時間	集約方法	ベンダー	投票率	前回の投票率
4時間25分	スタンドアロン	電子投票普及協業組合	86.82	無投票
			86.83	88.36
1時間35分	スタンドアロン	電子投票普及協業組合	52.52	46.80
4時間18分	スタンドアロン	東芝	72.50	72.06
2時間30分	スタンドアロン	電子投票普及協業組合	73.34	75.68
3時間15分	クライアントサーバー	富士通	64.95	67.42
2時間30分	スタンドアロン	NTT東日本	83.44	89.49
約3時間	クライアントサーバー	NTT東日本	66.05	55.79
			66.05	55.80
約1時間	スタンドアロン	電子投票普及協業組合	81.37	66.62
57分	スタンドアロン	電子投票普及協業組合	43.51	45.63
2時間12分	スタンドアロン	電子投票普及協業組合	52.09	60.66
2時間28分	スタンドアロン	東芝	61.96	69.04
1時間40分	スタンドアロン	電子投票普及協業組合	42.07	31.41
10分（23分）	スタンドアロン	電子投票普及協業組合	83.21	81.37
無投票	スタンドアロン	電子投票普及協業組合	78.09	87.06
55分（2時間5分）	スタンドアロン	東芝	71.55	72.50
16分（1時間）	スタンドアロン	電子投票普及協業組合	80.62	83.44
13分（22分）	スタンドアロン	電子投票普及協業組合	38.79	43.51
			43.23	42.36
30分（1時間10分）	スタンドアロン	電子投票普及協業組合	68.33	61.96
30分（1時間20分）	スタンドアロン	電子投票普及協業組合	42.24	42.07
3時間7分	スタンドアロン	電子投票普及協業組合	84.64	86.84
			84.64	86.84

全開票時間を記載している.

表1　日本の

	実施自治体	年月日	選挙の種類	回数	開票時間
1	岡山県新見市	2002年6月23日	市長 市議選	1回目	25分（2時間）
2	広島県広島市（安芸区のみ）	2003年2月2日	市長選	1回目	20分（44分）
3	宮城県白石市	2003年4月27日	市議選	1回目	55分（2時間5分）
4	福井県鯖江市	2003年7月6日	市議選	1回目	14分（1時間30分）
5	岐阜県可児市	2003年7月20日	市議選	1回目	13分（1時間6分）
6	福島県大玉村	2003年8月3日	村議選	1回目	16分（1時間）
7	神奈川県海老名市	2003年11月9日	市長 市議選	1回目	不明
8	青森県六戸町	2004年1月18日	町長選	1回目	10分（23分）
9	京都府京都市（東山区のみ）	2004年2月8日	市長選	1回目	13分（22分）
10	岡山県（新見市のみ）	2004年10月24日	知事選	2回目	15分（35分）
11	宮城県白石市	2004年10月31日	市長選	2回目	30分（1時間10分）
12	三重県四日市市	2004年11月28日	市長／市議補選	1回目	30分（1時間20分）
13	青森県六戸町	2005年6月12日	町長選	2回目	7分（20分）
14	青森県六戸町	2007年4月22日	町議選	3回目	2分（26分）
15	宮城県白石市	2007年4月22日	市議選	3回目	25分（49分）
16	福島県大玉村	2007年8月5日	村議選	2回目	3分（16分）
17	京都府京都市東山区 京都府京都市上京区	2008年2月17日	市長選	2回目	12分（25分） 14分（22分）
18	宮城県白石市	2008年10年26日	市長選	4回目	12分（40分）
19	三重県四日市市	2008年11月30日	市長選	2回目	6分（1時間45分）
20	岡山県新見市	2009年4月12日	市長 市議選	3回目	40分（1時間20分）

開票時間は，電子投票による開票時間であるが，（　）内は不在者投票等の分を合わせた

第5章　ＩＣＴと選挙

1　ＩＴ時代の選挙運動に関する研究会

二〇〇一年一〇月に、総務省の「ＩＴ時代の選挙運動に関する研究会」（座長・蒲島郁夫東京大学教授）が設置された。同研究会は、ＩＴ時代にふさわしい選挙運動のあり方を調査研究するために設置されたものであり、「インターネットを用いた選挙運動の可能性と問題点」、「公職選挙法に規定する選挙運動手段についてＩＴ時代に即して見直すべき事項の整理」に関する調査研究を行うことを任務としていた。当初から研究会は概ね一年程度の調査研究期間を予定していた。

二〇〇二年八月に、同研究会の報告書が公表された。それによれば、研究会は、「インターネットを、選挙運動に導入することで、候補者情報の充実、政治参加の促進、有権者と候補者の直接対話の実現、金のかからない選挙の実現、など計り知れない効果が期待できる」とともに、「インターネットはこれまでにない新しい通信手段であり、これを公職選挙法の体系に持ち込むためには、技術的・制度的に解決しなければならない問題も多い」ことから、「IT時代の選挙運動に関して、インターネットの導入による効果を最大限に高め、その問題の発生をできるだけ小さくするような方策を検討する」ために会合を重ね、報告書をまとめた。

報告書は、「現状の分析」に始まり、「インターネットと選挙運動規制」、「インターネットを選挙運動手段として位置付ける場合の検討事項」からまとめられている。中心的な内容は、インターネットを選挙運動のための手段として位置づけることにより期待される効果と課題である。期待される効果として、候補者情報の充実、政治参加の促進、有権者と候補者との直接対話の実現、金のかからない選挙の実現という五つが挙げられていた。

候補者情報の充実とは、有権者が、時間的にも場所的にも制約を受けず、従来の選挙運動では得られなかった候補者情報を取得できることである。

政治参加の促進は、有権者自身が不特定多数の人々に自らの選挙に対する考えを発信できることや、インターネット利用者が若年層に多いことから若年層の政治参加の促進につながることである。

有権者と候補者との直接対話については、インターネットの利用がそれを実現可能にすることで、有権者の参加意欲を高めるとともに、候補者が有権者のニーズを把握する新たな方法を取得できることである。

金のかからない選挙とは、インターネットによる選挙運動では、ポスターやビラの印刷や配布作業が不要であるため、それらの作業にかかる人件費を抑えることができるということである。

インターネットを選挙運動に導入すれば、効果ばかり期待できるというのではない。その際にもたらされる課題としては、デジタル・デバイドの存在、インターネットの悪用、インターネットに付随する費用の増加などがある。

デジタル・デバイドの問題は、ＩＣＴに関する議論において常にともなう課題である。有権者の間での情報格差が生じるだけでなく、候補者の間でも情報格差が生じる可能性がある。

インターネットの悪用については、特典つきサイトによる買収問題や、候補者のドメイン名に関するトラブルの恐れが挙げられている。選挙運動期間中に、何者かによってホームページの内容を書き換えられたり、なりすましによる虚偽情報の流布などの危険が考えられる。

インターネットに付随する費用の増加については、ホームページの開設費用以外に、コンテンツの充実や更新にかかる経費、メールによる選挙運動の可能性があれば、メールのアドレスの収集に費用がかかる可能性がある。また、ホームページのもつ双方向性により、有権者から候補者への意見などに対し、候補者側が返信を書くことなどの事務的負担や金銭的な負担が大きくなる可能性がある。

研究会では、期待される効果と課題とを比べて、はるかに効果が大きいことを結論づけている。結果的に、研究会では、「既存の選挙運動手段を維持しつつ、選挙の公正を確保するために、インターネットの導入に伴い発生する問題をできるだけ小さくするような措置を講じることを前提に、インターネットを選挙運動手段として追加することが適当であるとの結論に達した」。

研究会は、報告書において、具体的な提言として次のような九つの点を挙げている。

「(1)現行の選挙運動規制は維持しつつ、新たにインターネットによって選挙運動を行うことを可能とすること。

(2)インターネットによる選挙運動については、ホームページによる選挙運動のみとすること。

(3)ホームページによる選挙運動については、全ての選挙について導入することとし、また、量的な制限は設けないこととすること。

(4)ホームページによる選挙運動については、候補者又は政党以外の第三者が選挙運動を行うことができるようにすること。

(5)選挙運動を行うホームページは、第三者による書込みを行わせることができるものとすること。

(6)候補者及び出納責任者と意思を通じて支出したホームページによる選挙運動に要する経費については、従来どおり選挙運動費用に算入すること。

(7)候補者以外のホームページによる選挙運動に要する経費は、出納責任者と意思を通じることなく支出することができるようにすること。その場合の経費は、選挙運動費用に算入されないものとすること。

(8)ホームページ上のなりすましや誹謗中傷等の対策としては、ホームページの開設者に電子メールアドレスの表示を義務付ける等の措置を講じることとすること。

(9)当該選挙に関する事務を管理する選挙管理委員会においては、有権者及び候補者等の便宜を図るため、候補者（比例代表選挙にあっては政党）のホームページアドレスの周知を図るなど利用の便宜性に努めるものとすること」。

研究会の提言は、インターネットによる選挙運動の解禁を示唆した内容となっている。インターネットの特性を十分に考慮し、現行の選挙運動の特徴もふまえつつ、インターネットによる選挙運動が実現した場合には、どのような効果がもたらされるのか、また、負の効果としてもたらされる課題にはどのようなものがあるのかという点について検討がなされている。

同時に、現行の公職選挙法で認められている選挙運動との兼ね合いも考えられている。報告書では、現状をふまえて新たにインターネットによる選挙運動を認めたらどうなるのかという点を多角的に検討している。

研究会による提言を実現するためには、公職選挙法の改正が必要になる。二〇〇二年八月に報告書が出されたが、その後、選挙運動のネット解禁に向けた動きは本格化しているようにはみえない。もちろん、これまでに全く動きがなかったわけではない。実際には、一九九八年六月に、民主党がインターネットを選挙運動で利用できるようにする公職選挙法の改正案を国会に提出したり（成立せず）、二〇〇五年八月にも民主党が衆議院議員総選挙のマニフェストにネット選挙解禁を掲げたり、二〇〇六年五月には、自民党の選挙制度調査会がネット選挙の一部解禁を認める内容の報告書をまとめたりする動きがあった。

しかしながら、選挙でのインターネットの利用は、今も認められてはいない。実際のところ、ネット解禁へ向けて公職選挙法を改正しようという動きが加速しているのでもない。

2　公職選挙法の想定外にある現実

現在の日本においては、国政か地方かを問わず、公職者を選ぶあらゆる「選挙」が公職選挙法に則って行われている。公職選挙法は、選挙でのインターネットの利用を前提としていないが、実際には、公職選挙法の適用されないところでのインターネット利用が活発になっている。その結果、公職選挙法の想定外のところで、さまざまな課題が浮上してきているのである。

たとえば、二〇〇七年四月に行われた東京都知事選挙の際には、候補者の政見放送がそのまま動画サイトの「ユーチューブ（YouTube）」に投稿されたり、投稿者によって政見放送に手が加えられ、新たに編集された内容の動画が投稿されたりした。現行の公職選挙法では、テレビの政見放送の回数が決められている。そのため、無料の動画サイトに政見放送が投稿された場合には、不特定多数の人間に何度も繰り返しみられる可能性があり、これまで公職選挙法が想定してきた範囲を超えるところで、政見放送が濫用されることになる。

従来、政見放送は、テレビやラジオでのみ放送されてきた。もちろん、現在も公職選挙法によれば、テレビやラジオでのみ可能である。しかし、動画サイトが普及してからは、テレビ番組そのものが動画として普通に投稿されるようになり、都知事選の政見放送も同様に投稿されるのである。投稿者の手が加えられた後に投稿された動画の内容は、候補者を揶揄するものであり、ネガティブ・キャンペーンの一種として捉えることもできる。

日本版のユーチューブが開始されたのは、二〇〇七年六月であり、それ以前の都知事選に際して、いくつかの動画は、米国版のユーチューブに投稿されたものであった。米国のサイトの管理下であり、日本の公職選挙法は適用されず、投稿画像はそのまま配信されてしまった。

公職選挙法の想定外の出来事について、東京都選挙管理委員会は、特定の候補者の政見放送が自由に閲覧できるのは公平性を欠くとして、ユーチューブに対して動画の削除を求めた。公職選挙法の適用外であるため、選挙管理委員会の現実可能な対応は、それぐらいであった。

それ以外にも、匿名の掲示板である「2ちゃんねる」では、「今回の都知事選の出口調査は○○にしてください！投票は誰でもかまいません。ただ出口調査は○○と答えてください！」というような書き込みがあった。同様に、他のサイトでは、出口調査で「全員が○○と答えたとします！その夜の開票速報はとてもゆかいなことになり、それまでとは違う楽しみ方ができる。ネットの力を見せつけましょう」などという書き込みがあった。

選挙の際にマスコミによる出口調査が行われ、その結果にもとづいて開票速報がなされる。ネット上の呼びかけに応じて、大勢の有権者が実際に投票した候補者とは関係なく、「〇〇という候補者に投票した」というように、口裏を合わせて出口調査で回答すると、その調査結果を反映した開票速報において、〇〇候補が当選確実であるという報道を行う可能性がある。しかし、実際に大勢の有権者が投票したのは別の候補者であるため、開票速報と実際の選挙結果との違いが明らかになるというのである。

不特定多数者による匿名の書き込みから成り立つ掲示板に対して、公職選挙法を適用することは困難である。この場合は、特定候補者への投票依頼ではなく、出口調査での回答に際して、同一候補者名を答えるように呼びかけたものである。単なる悪戯とか悪ふざけとして片付けてしまうべきものか、それとも悪質な行為として取り扱うべきなのかは、判断の分かれるところかもしれない。

3　公職選挙法の壁

政党や政治家の活動は、「選挙運動」と「政治活動」とに大きく分けることができる。選挙運動は、選挙の公示日から投票日前日までの期間に限定して行われるものであるのに対して、政治活動は、それ以外の活動全般を含んでおり、特定の期間に限定しているわけではない。

現在では、ほとんどの政党や政治家がホームページを開設し、政治活動のために利用している。主要な政党のホームページでは、政策、所属議員、党の基本情報、メールマガジンの申し込み、機関紙やグッズの販売、入党案内、最新の情報などを掲載している。ホームページの閲覧者から政党への意見や要望、問い合わせなどを行うことができるようにもなっている。

それ以外に、最近では、「ユーチューブ」、「ニコニコ動画」、「ヤフー（Yahoo!）」の動画、「ザ・選挙」などの動画サイトにおいて、各党が独自の動画サイトを設けている。これらは、政党のホームページにリンクしており、いずれの政党も動画による情報発信を行うことが当たり前になっている。

たとえば、自民党は、「ユーチューブ」で「LDP channel」という名前の動画サイトをもっており、そこでは総裁からのメッセージをはじめ、政策、過去の映像資料、党所属国会議員の動画サイトへのリンクなどがある。民主党も「ユーチューブ」で「民主党『生活が第一』チャンネル」をもっており、党代表の挨拶や幹部の定例会見、政策などの動画がみられるようになっている。

当初、政党のホームページは、各党の基本情報を提供する程度のものであり、閲覧者からのメールの受付や、政党のメールマガジンの提供などを行うことで、双方向性を保っていた。その後、ホームページに掲載する情報量は飛躍的に増加し、動画の掲載も普通のことになり、最新の動画を配信するための更新頻度も高まってきたのである。

政党と同様に、ほとんどの国会議員もホームページを開設しており、政策や活動状況、プロフィールなどの情報提供はもちろん、閲覧者からの問い合わせ送信フォーム、メールマガジンの申し込みの受付、さらに、ブログなどがある。議員の間で個人差があるとはいえ、熱心な議員は、一日に数回にわたるブログの更新や、頻度の高いメールマガジンの配信などを行っている。

なかには、ホームページで政治献金の依頼を行っている議員もいる。米国の場合には、議員のホームページからクレジットカード決済で献金できることもあるが、日本の場合には、個人献金依頼の文章と振込先などの情報が書かれているだけであり、クレジットカード決済というわけではない。

今のところ、日本の国会議員については、ブログの更新と、メールマガジンの配信が議員活動を宣伝し、有権者とコミュニケーションをとるための手段になっているようである。ホームページでの政治献金募集は、まだ一般化しておらず、米国の状況と比べると著しい遅れをとっている。

たとえば、二〇〇八年の米国大統領選挙に際して、オバマ（Barak Obama）候補が膨大な献金を集めたのは、インターネットによる献金募集であるとされたのは有名な話である。さらに古い有名な例でも、一九九八年のミネソタ州知事選挙に際して、民主党や共和党といった二大政党に属さない、元プロレスラーのベンチュラ（Jesse Ventura）候補が電子メールやホームページなど安い費用で手軽に利用できる手段を使って選挙戦を有利に戦い、当選したことがある。ベンチュラ候補のホームページでは、候補者自身のマスコット人形を販売したり、クレジットカード決済による政治献金の受付を行ったりして、政治資金を獲得するのにも成功したといわれている。

しかし、米国における政治献金の方法や政治資金の制度と、日本のそれとを同じように扱って比べるには無理な点もある。そのため、この点を容易に比較することはできない。そうはいっても、日本でのホームページ利用による議員活動の活発化の可能性は、今後まだ広がりをみせるのではないだろうか。

国会議員については、ホームページの利用が当たり前のことになっているが、地方議員については、まだホームページを開設していない議員も多い。地方議会によっては、議員すべての簡単な紹介を掲載しているところもあり、個人ホームページをもっていない地方議員の情報をそこから入手することができる場合もある。しかし、議会のホームページでも情報が掲載されておらず、自らのホームページも開設していない場合には、全く情報を入手することはできない。必ずしも議員自らが情報発信の手段としてICTを利用しているわけではないのも、地方の現実なのである。

そのような例外は別として、政党や政治家が積極的にICTを政治活動に利用するようになった。それに対して、選挙運動でのICT利用は、公職選挙法による規制があるため、実現しないまま今日に至っている。

公職選挙法では、第一四二条で、文書図画の頒布について規定しており、候補者一人あたりが選挙運動で使用できるビラや葉書の枚数制限が定められている。たとえば、「衆議院（小選挙区選出）議員の選挙にあつては、候補者一人について、通常葉書三五〇〇〇枚、当該選挙に関する事務を管理する選挙管理委員会に届け出た二種類以内のビラ七万枚」や、「参議院（比例代表選出）議員の選挙にあつては、公職の候補者たる参議院名簿登載者一人について、通常葉書一五万枚、中央選挙管理会に届け出た二種類以内のビラ二五万枚」というように詳細に規定されている。

ここで対象となる候補者としては、それ以外にも、衆議院（比例代表選出）議員、参議院（選挙区選出）議員、都道府県知事、都道府県議会の議員、指定都市の長や議会の議員、指定都市以外の長や議会の議員、町村の長や議会の議員などが挙げられる。これらすべてについて、通常葉書が何枚で、ビラが何枚というように決められている。

政党についても、次のように規定されている。

「前項の規定にかかわらず、衆議院（小選挙区選出）議員の選挙においては、候補者届出政党は、その届け出た候補者に係る選挙区を包括する都道府県ごとに、二万枚に当該都道府県における当該候補者届出政党の届出候補者の数を乗じて得た数以内の通常葉書及び四万枚に当該都道府県における当該候補者届出政党の届出候補者の数を乗じて得た数以内のビラを、選挙運動のために頒布（散布を除く。）することができる。ただし、ビラについては、その届け出た候補者に係る選挙区ごとに四万枚以内で頒布するほかは、頒布することができない」。

「衆議院（比例代表選出）議員の選挙においては、衆議院名簿届出政党等は、その届け出た衆議院名簿に係る選挙区ごとに、中央選挙管理会に届け出た二種類以内のビラを、選挙運動のために頒布（散布を除く。）することができる」。

さらに、葉書やビラ以外に、パンフレットや書籍の頒布についても決められているが、次のような方法での頒布しか認められていない。

「当該候補者届出政党若しくは衆議院名簿届出政党等又は参議院名簿届出政党等の選挙事務所内、政党演説会若しくは政党等演説会の会場内又は街頭演説の場所における頒布」、「当該候補者届出政党若しくは衆議院名簿届出政党等又は参議院名簿届出政党等に所属する者（参議院名簿登載者を含む。次項において同じ。）である当該衆議院議員の総選挙又は参議院議員の通常選挙における公職の候補者の選挙事務所内、個人演説会の会場内又は街頭演説の場所における頒布」。

また、第一四三条では、文書図画の掲示が規定されている。選挙運動のために使用することができるのは、「選挙事務所を表示するために、その場所において使用するポスター、立札、ちょうちん及び看板の類」をはじめ、「選挙運動のために使用される自動車又は船舶に取り付けて使用するポスター、立札、ちょうちん及び看板の類」、「公職の候補者が使用するたすき、胸章及び腕章の類」、「演説会場においてその演説会の開催中使用するポスター、立札、ちょうちん及び看板の類」、「個人演説会告知用ポスター」、「選挙運動のために使用するポスター」などである。

なお、選挙運動のために、「アドバルーン、ネオン・サイン又は電光による表示、スライドその他の方法による映写等の類を掲示する行為」は禁止されている。公職選挙法においては、ホームページをはじめ、ブログ、メールマガジンに関する記述は全くみられないが、現在のところ、いずれも選挙運動に使用することはできないという理解になる。

そのため、選挙運動期間中、立候補者はホームページを更新することができない。したがって、選挙運動に該当する可能性があるということから、ブログの更新もメールマガジンの発行もできない。しかし、日常の政治活動においては、ブログの更新もメールマガジンの発行も可能である。

選挙運動と政治活動とを分ける基準は必ずしも明確ではない。選挙運動期間中に、立候補者が選挙運動のためにホームページを更新することはできないが、政党が政治活動としてホームページの情報を更新することは公職選挙法違反に該当しない。

二〇〇七年七月二九日に行われた参議院議員通常選挙の際には、選挙期間中に、政党が政治活動の一環として、ホームページを更新した。選挙期間中であるとはいえ、選挙運動ではなく、あくまで政治活動としてホームページを更新したというのが、政党側の立場である。この点だけみても、選挙運動と政治活動との区別をどのように行うかは、非常に難しいところである。

ホームページの更新内容が直接的な投票の呼びかけや支持の訴えかけであれば、選挙運動になるため公職選挙法に違反するとしても、何らかの政策について政党が独自の見解を示したり、政党の執行部の会見や活動などを動画で紹介したりする場合には、それらが直接的に選挙運動につながらないとしても、間接的には政党に対する有権者の正の評価となり、選挙での支持につながっていく可能性がある。そう考えると、政治活動が選挙運動につながりうるのであり、両者を単純に区別することはできない。

現実の動きは、さらに進んでおり、二〇〇八年八月八日に行われたある市長選挙では、告示前に自身のブログで立候補する旨の記述を行った候補者が当選したケースもみられた。その選挙期間中には、選挙管理委員会が公職選挙法に抵触する恐れがあるとして、ブログの更新を注意し、選挙告示後に行われた更新内容についての削除を求めたという。

4　選挙におけるICT利用の課題

このように考えてくると、公職選挙法以外のところで、インターネットと選挙とのかかわりが徐々に増えつつある以上、公職選挙法を改正して、選挙そのものにインターネットを引きつけて考えるべき時期が到来したといえるのかもしれない。公職選挙法の改正による選挙でのインターネット利用については、現実を直視して行う必要がある。

たとえば、選挙運動期間中に、候補者が自らのホームページで政策を訴えることができれば、文書図画の頒布についての量的制限は意味をなさなくなる。文書図画の掲示についても、ホームページに多くの情報が掲載されているとしたら、有権者にとっては、従来よりもはるかに簡便になり、入手できる情報量も増加して有用となる。さらにいえば、公職選挙法の網の目をくぐり、政見放送を動画投稿サイトに投稿するような行為がなくなるかもしれないし、少なくとも今よりも対応を講じやすくなる可能性がある。

これまでの選挙運動では、選挙期間中は毎日、朝から晩まで選挙カーが候補者名を連呼して走り回るのが当たり前の光景であった。しかし、今もなお、それが選挙にとって本質的に重要なこととはいえない。果たして、それが公職選挙法で守り続けるべき選挙運動なのであろうか。

候補者の事務所から突然かかってきた電話に応対し、政策はおろか、顔と名前さえ一致しないような候補者への投票依頼を受けることに時間を費やすことと、有権者がわずかな空き時間を利用してインターネットで情報を収集し、候補者の名前と顔以外にも政策まで認識した上で、投票所に足を運ぶことでは、どちらが選挙を意味のあるものとすることになるかは明白である。

選挙運動におけるインターネット利用の解禁は、さまざまな問題を引き起こすという指摘も可能である。たとえば、デジタル・デバイド、有権者への各候補者の陣営からのメール配信、インターネット上の候補者のなりすまし、候補者への誹謗中傷などの問題を挙げることができる。

もちろん、ネット解禁により、従来のような文書図画の頒布や掲示をすべて廃止するとか、政見放送をなくすというのではない。従来型の選挙運動か、それともＩＣＴを利用した選挙運動かのいずれか一方にするというわけではない。この点は、二者択一という発想を捨てなければならない。

現状に見合ったかたちで、ＩＣＴの利用を採り入れていくとともに、従来からの方法も残しつつ、選挙を行っていくことが現実的である。今や多くの人々が職場や学校で実際に、コンピュータに触れている。デジタル・デバイドの問題が生じる可能性が決してないとはいえないとしても、選挙が機能しなくなるほどの大きな問題になるとは考えにくい。まず、候補者が選挙運動にＩＣＴを利用できないという可能性であるが、候補者本人がそうであったとしても、選挙陣営のスタッフのなかで誰かが使えるであろうし、誰一人として使いこなせなかったとしても、従来型の選挙運動が残されていれば、従来の方法で選挙戦を戦うことができる。

メールについても、選挙の際に、各陣営から多数のビラが配布されたり、電話がかかってくることを考えると、さほど変わりがない。ビラであれば、不要な場合にはゴミにしかならないし、電話は応対するのに一定程度の時間を拘束される。その点を考えると、メールであれば、瞬時に受信することができるし、不要であれば直ちに削除できるのであるから、従来の文書図画よりも簡便なものになる。

なりすましに関して、何よりも、候補者自身のホームページの管理体制の強化が不可欠である。たとえば、ホームページ上に連絡先を明記することや、選挙管理委員会による広報に、候補者のホームページの正確なＵＲＬを記載するなどの工夫次第で、なりすましによるホームページの公開やメールの配信を防止できるだろうし、事実に反した情報の提供や、悪質もしくは執拗な投票依頼の防止も可能になる。

インターネット上の誹謗中傷も大きな問題である。実際に、これまでも、ネット上の誹謗中傷により、ある候補者が立候補を断念したという事例がある。ある地方選挙に際して、候補予定者本人と、その家族に対して、ネット上でかなり激しく誹謗中傷の書き込みがなされ、告示直前に、「誹謗中傷に疲れ果てた」ということで、その候補者は立候補を取りやめた。

この事例は、匿名掲示板の「2ちゃんねる」において候補者だけではなく、その家族や支援者を中傷する内容の書き込みがなされたというものである。まさに、この一件は、不特定多数の人間が、いつでも、どこからでも、どのようなことでも匿名で書き込むことができるため、無責任な言論が横行する危険があることを示している。一般に、匿名掲示板への書き込み内容は必ずしも信憑性の高いものばかりではないと考えられるが、出所が明らかではない情報が独り歩きし、混乱をもたらす可能性があるのは否定できない。

そう考えると、誹謗中傷に関しては、一方で、ネット解禁により激化する可能性も否めないが、他方においては、インターネット上に流れる情報の質が問われることになり、かえって良質の情報のみが生き残り、過度な規制の必要はないという見方も可能であるかもしれない。いずれにせよ、ネット解禁には、さまざまな懸念材料があることは確かである。

ネット上の誹謗中傷については、選挙だけに限ったことではない。日常の政治活動についても、匿名掲示板で中傷される危険はある。もちろん、これまでも誹謗中傷のための怪文書が選挙の際に飛び交ったり、さまざまなスキャンダルが噂されることも、政治における日常的な場面の一つであった。

これらの問題に対する法的な解決策を考えることや、法を整備することは当然のことである。しかし、今必要なのは、起こりうる問題をただ積み上げるばかりではなく、一歩ふみ出すことである。ＩＣＴが発達し、社会全体に普及しているなかで、政治や行政の場面においてもＩＣＴの利用が時代の趨勢となっている現在、選挙カーが朝から晩まで候補者名を連呼するばかりの選挙運動を続けていくことに、果たしてどれほどの意味があるといえるのだろうか。

終章　eガバナンスへ向けて

　eガバメントからeデモクラシーへの広がりのなかで、さまざまなアクターがＩＣＴを利用して統治にかかわるようになった。eガバメントは、行政の電子化を目指し、電子政府や電子自治体というかたちで実現したものである。

　eデモクラシーは、政治の電子化として捉えることができる。選挙でのＩＣＴ利用により、政治家や政党が従来とは異なる活動を展開するようになり、かつてないほど多くの情報を有権者が取得し、多様な手段で政治に参加できるようになった。議会もまた、ＩＣＴを利用することで、従来とは異なるかたちで、情報蓄積や情報提供、情報交換などの機能を果たすようになった(1)。

　eガバメントやeデモクラシーは、既存のアクターに対して、統治のための新しい方法や機会をもたらしたのである。個々のアクターが既存の方法に加え、新しいかたちで統治を行うようになったのであり、政治や行政の電子化は、結果として、議会制民主主義のバージョンアップにつながる可能性もある。[2]

この点は、最近の政治学において注目されている「ガバナンス（governance）」論との関連で考えることができる。[3]eガバメントやeデモクラシーに関する議論は、ICTを利用したガバナンスの実践という点から考えると、「eガバナンス」の可能性という話にもつながる。[4]

現代の民主主義において、有権者は、選挙を通じて自分たちの代表を選出し、選ばれた代表は、議会で政治的決定を行う。選挙は、正統性を付与する機能を果たしており、議会での決定も正統化の機能を果たす。政府は、議会での決定を具体的な法律や政策のかたちで、国民に対して執行する。議会制民主主義は、有権者とその代表が正統性にもとづいて政治的決定を行い、決定の内容が有権者に課されるまでの一連の過程を取り扱うメカニズムのことである。

民主主義は、このメカニズムが作動することで支えられていると考えられてきた。議会制民主主義においては、既存の統治機構が中心にあり、議会や政府が重要なアクターとして位置づけられてきた。そのため、これまでは、既存のアクターが統治の中心に位置してきたのであり、統治機構という意味での「ガバメント」が中心の時代であった。

しかし、近年、ガバメントからガバナンスへという潮流が顕在化し、これまでのようなガバメントの時代が転機を迎えることになった。いいかえるなら、統治をめぐる状況が変化したのである。

先進民主主義諸国では、第二次世界大戦後の復興を経た後、一九七〇年代には石油危機が起こり、それまでの高度経済成長から低成長経済へと状況が大きく変化した。その結果、戦後の福祉国家は危機に直面することになった(5)。

また、多様な社会運動に代表されるように、大衆の政治参加が拡大した。人々からの要求が噴出したことで政府は過重負担となり、有権者からの要求に対応しえなくなった。人々は不満を募らせ、既存のアクターに対する不信感が高まった。

従来、ガバメントは、絶対的かつ至高の存在として君臨し、政治における中心的なアクターとして重みをみせてきた。しかし、正統性は傷つき、地位も低下した。既存のアクターのもつ正統性は、危機を迎えたのである。

これら一連の出来事は、民主主義における「統治能力（governability）」の低下と表現された(6)。ガバメントの統治能力は低下し続け、それに歯止めがかかることはなかった。主要なアクターは、他の新しいアクターに取って代わられたのでもなく、政治の場面から退場したわけでもないが、かつてのような、安泰な地位に返り咲くこともなかった。

そこで登場したのが「ガバナンス」という現象であり、概念でもある。特に、一九九〇年代以降の新しい状況下で、低下しつつあるガバメントの統治能力に対する代替肢として、ガバナンスは脚光を浴びるようになった。

それでは、ガバナンスとは何か。

既存の主なアクターが中心となって統治を行う「ガバメント」と、「ガバナンス」との違いは何か。

ここでは、ガバメント論とガバナンス論とを対比しつつ、三つの点から両者の違いを考えてみる。

第一に、統治に関与するアクターの違いが両者を分けている。ガバメント論においては、狭義には政府のみがアクターであり、広義には政府、議会、裁判所など公式的な統治機構に含まれる諸アクターが統治に関与すると考えられている。ガバメントとは、基本的に統治機構に含まれるアクターを意味する。

それに対して、ガバナンス論は、公的アクター以外のアクターの関与も前提としており、アクターの多様性を重視するところに一つの特徴がある。ガバナンスにおいては、既存の統治機構である政府や議会、さらに、政党、官僚、地方自治体などに加え、ＮＧＯやＮＰＯ、民間企業などが主要なアクターとして参加する。アクターの多様化は、従来から中心的な役割を果たしてきたアクターの地位や役割が低下し、その結果として、新しいアクターが台頭したためである。

今や、ガバメントが統治を一手に引き受けることは不可能になったため、多様なアクターの新規参入が欠かせなくなった。それらがガバメントに取って代わらなくとも、かつてガバメントが果たしていた役割の一部を補完したり、代替したりするようになった。そのため、もはや「統治」ではなく、多様なアクター間の「共治」が重要であるという認識が広がったといえる。その結果、ガバメントからガバナンスへの転換が訪れたのである。

第二に、ハイアラーキー（hierarchy）とアナーキー（anarchy）との対置関係からガバメントとガバナンスとの違いを説明することができる。ハイアラーキーとアナーキーとは対置概念であり、それぞれを両極に位置づけることができる。

例えば、左端にハイアラーキーを位置づけ、右端にアナーキーを位置づける。この場合には、両者の中間にガバナンスを位置づけることができる。右側に行くほど、無秩序な状態がみられるのに対し、左側に行くほど秩序が保たれている状態となる。そのため、左側では、階層的な秩序が維持された状態となり、ガバメントの様相を帯びることになる。

ガバメントは、秩序維持を重視するハイアラーキー的な性格をもつ。それに対して、ガバナンスは、無秩序状態ではないが、ハイアラーキーよりもアナーキーな状態に近い性格をもつ。そのため、決定作成でも両者は明らかに異なる。

ガバメントは、既存の統治機構や組織の決定作成の方法を採用している。ガバナンスは、決定作成過程に多様なアクターが関与し、新規に参入したアクターによって問題の発見と問題の解決に向けた取り組みがなされる。多様なアクターが決定にかかわることにより、解決すべき新たな課題が明らかになる。従来の決定作成では陽のあたらなかった領域にある課題までもが表面化するようになる。

第三に、「公」と「私」という区分がガバメントとガバナンスとの違いを考えるのに役立つ。公的アクターには政府や議会といった既存のガバメントが含まれるのに対し、私的アクターにはNGOやNPO、民間企業などが含まれる。これまでは公的アクターのみが統治を行ってきたが、今日では私的アクターも統治に関与するようになった。

そのため、従来のように公的アクターのみが公的な問題に取り組み、私的アクターは公的問題に一切かかわらないというのではない。ガバメントによる公的な問題への対応そのものが、ガバメント論のテーマであり、基本的に公的領域における公的な問題だけが取り扱われてきた。公的なアクターと、その問題のみを取り扱うのがガバメント論であり、ガバナンス論では、私的な領域に存在する私的アクターが公的な問題に関与することで、公と私との接触ないし融合がみられるようになったのである。

その結果、公と私の領域が再編成された。ともすれば、官と民という区分が公と私との対応関係にあるかのように理解しがちである。すなわち、「官＝公」と「民＝私」という関係である。しかし、実際は、それほど単純な構図ではない。

公的問題をガバメントが一手に引き受けるのではなく、民の側に位置するアクターが公的な問題に関与することにより、民と公という図式が描かれる。いわば、ガバメント論的な発想である「官＝公」と「民＝私」という構図が崩れたことにともなう、公への民の関与は、ガバナンスの本質的な部分を示している。公への民の関与とは、具体的には民側のアクターによる政策決定過程への関与である。その意味で、公私領域の再編成とは、政策決定過程におけるアクターの関与の仕方が変化したことに他ならない。

このように考えてくると、政策決定過程の新しい形態として、ガバナンスという概念を規定したり、ガバナンス論を理解したりすることもできる。ここでいう政策決定過程とは、決定の段階のみを対象としているのではなく、政策立案から実施に至るまでの一連の過程を念頭に置いている。換言すると、広義の政策決定過程を意味している。

ガバメント論は、狭義の決定に関与できる統治機構を対象とし、ガバナンス論は、広義の決定過程を視野に入れ、さまざまなアクターの関与を前提とする。その結果、多様なアクターが発見した問題をどのように解決するかが、ガバナンス論では取り扱われることになり、誰が行うかということよりも、むしろ何を行うか、何を行うべきか、なぜ行うかというかたちで、政策の中身や政策の方向性にも焦点を向けざるを得なくなる。

ガバナンスを単にアクターの多様化や、アクター間のネットワーク化を意味するものとして捉えるだけでは、あまりに表層的な議論になりかねない。ネットワーク化した複数のアクターが、政策決定過程に関与する新しい形態として、ガバナンスを捉えることができる。この点は、従来の統治の方法と大きく異なる。多様なアクターが決定にかかわることで導き出される政策の中身や方向性こそがガバナンスの本質的な特徴を示すのであり、ガバメント論との決定的な違いを表している。

ガバナンスは、ガバメントの統治能力の低下にともない、他のさまざまなアクターがそれを補完もしくは代替するために必要に応じてネットワーク化して政策決定過程へ関与することによりもたらされた新しい現象なのである。

したがって、ここではガバナンスを「政府や議会をはじめ、政党、官僚、地方自治体など、既存の公的アクターに加え、NPOやNGO、民間企業などの（さらに、市民を含む）私的なアクターが協働して問題の発見と解決に取り組むこと」と定義づけることができる。

ｅガバナンスとは、ＩＣＴ利用によるガバナンスの実践を意味している。単純にいえば、ここで示したガバナンスの概念に「ＩＣＴ利用」を追加したものがｅガバナンスの簡単な説明となる。すなわち、ｅガバナンスは、既存の公的アクターに加えて、ＮＰＯやＮＧＯ、民間企業などの（さらに、市民を含む）私的なアクターがＩＣＴ利用により協働して問題の発見と解決に取り組むことである。

そう考えると、ガバナンスにおいて、ＩＣＴは手段に過ぎない。多様なアクターがそれぞれＩＣＴを利用して活動を行っているのは明らかである。ＩＣＴが社会を変え、人々の行動や価値観を変え、ＩＣＴによるネットワーク化が、ハイアラーキーともアナーキーとも異なる状況をつくり出した。さらに、電子政府や電子自治体、電子投票や電子会議室などのように、ＩＣＴによる政治的決定の作成過程への新しいかかわり方がみられるようになり、公私領域の再編成にともなう政策課題の変化にも対応できるようになる。

その意味で、今やガバナンスの実践にはＩＣＴを欠くことができなくなっており、ｅガバナンスが実現しているといえる。今後ますます、ｅガバナンスの実践がみられるようになり、常態化する可能性がある。

ｅガバメントやｅデモクラシーは、各アクターの役割に注目していたが、アクター間の相互作用には重点を置いていなかった。それに対し、ｅガバナンスは、個々のアクターへの注目からアクター間の相互作用へと視点を移しているところに特徴がある。ガバナンスそのものが多様なアクターの協働により、問題の発見と解決に取り組むことであるとすれば、eガバナンスの実践には、アクター間のネットワーク化が欠かせない。その際に、ICTの果たす役割は無視できないものとなる。ICTは、アクター同士をつなぐことによりネットワークをつくるとともに、アクターの協働を行うための手段として役立つ。

ガバナンスは、ともすれば、「よいもの」として捉えられる危険がある。さまざまなアクターが統治に関与することで、よりよい決定作成がなされ、よりよい実践がなされるという発想が拭い去れないときがある。果たして、ガバナンスはよいものであろうか。

たとえば、アクターの多様性がかえって決定を遅らせたり、決定ができない状況を引き起こしたり、あいまいな決定内容にしたりするかもしれない。公的アクターと私的アクターとが混在することにより、決定の方向性をあいまいにしてしまうかもしれない。決定作成において、責任の所在が不明確になる可能性も否定できない。見方を変えると、多様なアクターとは、烏合の衆のことを意味するかもしれない。

ガバナンスにおいては、アクター間のネットワーク化とともに、各アクターの質の保証や、正統性をいかに担保するかを考えなければならない。少なくとも、多様なアクターが関与したためにガバナンスが実現せず、アナーキーな状態になることは避けられねばならないのである。

ガバナンスにおける正統性の問題をどのように考えるべきなのか。最近では、ガバナンスにおける「民主的正統性」の重要性が指摘されている。(7) アクターの正統性だけでなく、決定作成過程の正統性にも目を向ける必要がある。アクターと決定作成過程の両者に正統性がともなわなければ、ガバナンスには意味がないのである。

ＩＣＴと政治とのかかわりを考えることは、新しい現象であるため、次々と新しい用語を生み出し、従来とは異なる発想をもたらすかもしれない。目先の現象を少しでも新しい表現によって捉えようとするばかりに、ともすれば、本質的な部分から目を逸らしてしまう危険がある。「ｅガバメント」、「ｅデモクラシー」、「ｅガバナンス」のいずれも、これまでの政治学が取り扱ってきたような、「政府」、「民主主義」、「統治」に関する問題を意味しているに過ぎない。現在の政治現象を照射することは、政治学の現在を示すことになる。本書が取り扱ってきたのは、古い皮袋に新しい酒を入れることである。政治学の基本的な概念に「ｅ」がつくことで、新しい現象を照らし出すとはいえ、そこでは、政治についての普遍的な問題を内包しているといえるのではないだろうか。

注

（1）岩崎正洋編『ｅデモクラシー・シリーズ1　ｅデモクラシー』日本経済評論社、二〇〇五年。Matt Qvortrup, *The politics of participation : From Athens to e-democracy*, Manchester University Press, 2007.

（2）Rachel K. Gibson, Andrea Römmele and Stephen J. Ward (eds.), *Electronic Democracy : Mobilisation, organisation and participation via new ICTs*, Routledge, 2004 ; Sarah Oates Diana Owen and Rachel K.

Gibson, *The Internet and Politics : Citizens, voters and activists*, Routledge, 2006.

（3） ガバナンスに関しては、さしあたり、以下を参照されたい。岩崎正洋・佐川泰弘・田中信弘編『政策とガバナンス』東海大学出版会、二〇〇三年。岩崎正洋編『ガバナンスの課題』東海大学出版会、二〇〇五年。岩崎正洋・田中信弘編『公私領域のガバナンス』東海大学出版会、二〇〇六年。日本大学法学部政経研究所『国家と市場をめぐるガバナンスの研究——国家をめぐるガバナンス・市場をめぐるガバナンス　No. 1』日本大学法学部政経研究所、二〇〇八年。木暮健太郎「ガバナンス概念の系譜」『杏林社会科学研究』第二四巻第三号、二〇〇八年。Jon Pierre（ed.）, *Debating Governance : Authority, Steering, and Democracy*, Oxford University Press, 2000.

（4） Matti Mälkiä, Ari-Veikko Anttiroiko and Reijo Savolainen（eds.）, *eTransformation in Governance : New Directions in Government and Politics*, IDEA Group Publishing, 2004.

（5） Richard Rose and Rei Shiratori（eds.）, *Welfare State East and West*, Oxford University Press, 1986.（木島賢・川口洋子訳『世界の福祉国家——課題と将来』新評論、一九九〇年）

（6） Michel Crozier, Samuel P. Huntington and Joji Watanuki, *The Crisis of Democracy : Report on the Governability of Democracies to the Trilateral Commission*, New York University Press, 1975.（日米欧委員会編・綿貫譲治監訳『民主主義の統治能力——日本・アメリカ・西欧——その危機の検討』サイマル出版会、一九七五年）

（7） Arthur Benz and Yannis Papadopoulos（eds.）, *Governance and Democracy : Comparing national, European and international experiences*, Routledge, 2006.

参考文献

［邦文］

赤木昭夫『インターネット社会論』岩波書店、一九九六年。

岩崎正洋編『サイバーポリティクス――IT社会の政治学』一藝社、二〇〇一年。

岩崎正洋編/㈱NTTデータ システム科学研究所企画『eデモクラシーと行政・議会・NPO』一藝社、二〇〇四年。

岩崎正洋『eデモクラシー・シリーズ2 電子投票』日本経済評論社、二〇〇四年。

岩崎正洋編『ガバナンスの課題』東海大学出版会、二〇〇五年。

岩崎正洋編『eデモクラシー・シリーズ1 eデモクラシー』日本経済評論社、二〇〇五年。

岩崎正洋・佐川泰弘・田中信弘編『政策とガバナンス』東海大学出版会、二〇〇三年。

岩崎正洋・河井孝仁・田中幹也編『eデモクラシー・シリーズ3 コミュニティ』日本経済評論社、二〇〇五年。

岩崎正洋・田中信弘編『公私領域のガバナンス』東海大学出版会、二〇〇六年。

岩崎正洋・坪内淳編『政治学の現在シリーズ①国家の現在』芦書房、二〇〇七年。

岩渕美克「ネット選挙の可能性」『ジャーナリズム&メディア』第二号、二〇〇九年、一五一―三二一頁。

Eジャパン協議会編『eコミュニティが変える日本の未来――地域活性化とNPO』NTT出版、二〇〇三年。

遠藤薫『電子社会論――電子的想像力のリアリティと社会変容』実教出版、二〇〇〇年。

奥野卓司『第三の社会――ビジネス・家族・社会が変わる』岩波書店、二〇〇〇年。

河井孝仁・細田大造『自治体モバイル戦略』信山社、二〇〇四年。

賀来健輔『インターネット広報の普及・進展と自治体――五年間にわたる一地方県域レベルの調査研究を通して』大学教育出版、二〇〇三年。

賀来健輔「電子政府・電子自治体の構想と実態」本田弘編『シリーズ日本の政治　第3巻　現代日本の行政と地方自治』法律文化社、二〇〇六年、二三九―二六一頁。

金子郁容・藤沢市市民電子会議室運営委員会『eデモクラシーへの挑戦――藤沢市市民電子会議室の歩み』岩波書店、二〇〇四年。

金安岩男・長坂俊成・新開伊知郎編／㈱NTTデータ システム科学研究所企画『電子市民会議室のガイドライン――参加と協働の新しいかたち』学陽書房、二〇〇四年。

木村忠正『デジタルデバイドとは何か――コンセンサス・コミュニティをめざして』岩波書店、二〇〇一年。

木村忠正・土屋大洋『ネットワーク時代の合意形成』NTT出版、一九九八年。

草野厚編『政策過程分析の最前線』慶應義塾大学出版会、二〇〇八年。

公文俊平編『ネティズンの時代』NTT出版、一九九六年。

木暮健太郎「カナダにおけるパブリック・ガバナンスと電子政府」岩崎正洋・佐川泰弘・田中信弘編『政策とガバナンス』東海大学出版会、二〇〇三年、五九―七四頁。

木暮健太郎「ICTとガバナンス」岩崎正洋編『ガバナンスの課題』東海大学出版会、二〇〇五年、三一―五四頁。

木暮健太郎「電子政府とガバナンス――日本とカナダの事例から」岩崎正洋・田中信弘編『公私領域のガバナンス』東海大学出版会、二〇〇六年、三三―四九頁。

小林良彰『選挙制度――民主主義再生のために』丸善、一九九四年。

坂井利之・東倉洋一・林敏彦編『高度情報化社会のガバナンス』NTT出版、二〇〇三年。

佐々木信夫『国際公共政策叢書16　自治体政策』日本経済評論社、二〇〇八年。

C&C振興財団編『デジタル・デバイド――構造と課題』NTT出版、二〇〇二年。

情報化推進国民会議事務局編『電子自治体入門――先進事例に学ぶ』NTT出版、二〇〇三年。

須藤修『複合的ネットワーク社会――情報テクノロジーと社会進化』有斐閣、一九九五年。

須藤修・出口弘編／NTTオープン・ラボ企画『デジタル社会の編成原理――国家・市場・NPO』NTT出版、二〇〇三年。

曽根泰教「インターネット活用と公職選挙法」『都市問題』第九七巻第六号、二〇〇六年、八―一二頁。

曽根泰教・大山耕輔編『日本の民主主義――変わる政治・変わる政治学』慶應義塾大学出版会、二〇〇八年。

田中宗孝「『電子投票時代』の幕開け」『選挙』第五五巻第一〇号、二〇〇二年、一―三頁。

田中宗孝「電子投票システム導入の意義と課題」『議会政治研究』第六四号、二〇〇二年、五〇―五六頁。

田中宗孝「新しい投票方式・電子投票の可能性と課題」『日本選挙学会年報　選挙研究』第二〇号、二〇〇五年、四五―五六頁。

出口和宏「広島市における電子投票の概要について」『選挙』第五六巻第五号、二〇〇三年、一一―一八頁。

中島学「新見市における電子投票の概要について」『選挙』第五五巻第一〇号、二〇〇二年、四―一二頁。

日経BPガバメントテクノロジー編『自治体情報化年鑑二〇〇八―〇九――全国市区町村の情報化実態』日経BP社、二〇〇八年。

廣瀬克哉編『自治体改革10　情報改革』ぎょうせい、二〇〇五年。

細野助博・城山英明・森田朗監修／日本公共政策学会・中央大学二一世紀COEプログラム編『科学技術の公共政策』中央大学出版部、二〇〇八年。

三浦博史・前田和男『選挙の裏側ってこんなに面白いんだ!スペシャル』ビジネス社、二〇〇七年。

森源二「地方選挙における電子投票について――岡山県新見市で全国初の電子投票の実施」『議会政治研究』第六四号、二〇〇二年、五七―六七頁。

柳瀬昇「地方選挙における電子投票をめぐる訴訟――岐阜県可児市電子投票無効訴訟判例評釈」『選挙研究』第二四巻第二号、二〇〇九年、七四―八七頁。

吉田彰「初の電子投票条例を制定した新見市議会」『議会政治研究』第六四号、二〇〇二年、六八―七六頁。

吉田純『インターネット空間の社会学――情報ネットワーク社会と公共圏』世界思想社、二〇〇〇年。

［欧文］

Anttiroiko, Ari-Veikko and Matti Mälkiä (eds.), *Encyclopedia of Digital Government*, 3 Vols, Idea Group

Reference, 2007.

Benz, Arthur and Yannis Papadopoulos (eds.), *Governance and Democracy: Comparing national, European and international experiences,* Routledge, 2006.

Contini, Francesco and Giovan Francesco Lanzara (eds.), *ICT and Innovation in the Public Sector: European Studies in the Making of E-Government,* Palgrave Macmillan, 2009.

Dai, Xiudian and Philip Norton (eds.), *The Internet and Parliamentary Democracy in Europe: A Comparative Study of the Ethics of Political Communication in the Digital Age,* Routledeg, 2008.

Drüke, Helmut (ed.), *Local Electronic Government: A comparative study,* Routledge, 2005.

Ferdinand, Peter (ed.), *The Internet, Democracy and Democratization,* Frank Cass, 2000.

Gibson, Rachel, Paul Nixon and Stephen Ward (eds.), *Political Parties and the Internet: Net gain?*, Routledge, 2003.

Gibson, Rachel K., Andrea Römmele and Stephen J. Ward (eds.), *Electronic Democracy: Mobilisation, organisation and participation via new ICTs,* Routledge, 2004.

Hacker, Kenneth L. and Jan Van Dijk (eds.), *Digital Democracy: Issues of Theory and Practice,* Sage, 2000.

Hague, Barry N. and Brian D. Loader (eds.), *Digital Democracy: Discourse and Decision Making in the Information Age,* Routledge, 1999.

Hill, Kevin A. and John E. Hughes, *Cyberpolitics: Citizen Activism in the Age of the Internet,* Rowman & Littlefield Publishers, 1998.

Homburg, Vincent, *Understanding E-Government: Information systems in public administrations,* Routledge, 2008.

Kersting, Norbert and Harald Baldersheim (eds.), *Electronic Voting and Democracy: A Comparative Analysis,* Palgrave, 2004.

Khosrow-Pour, Mehdi, *E-Government Diffusion, Policy, and Impact: Advanced Issues and Practices,* Information Science Reference, 2009.

Mälkiä, Matti, Ari-Veikko Anttiroiko and Reijo Savolainen, *eTransformation in Governance: New Directions in Government and Politics,* Idea Group Publishing, 2004.

Norris, Pippa, *Digital Divide: Civic Engagement, Information Poverty, and the Internet Worldwide,* Cambridge University Press, 2001.

Oates, Sarah, Diana Owen and Rachel K. Gibson (eds.), *The Internet and Politics: Citizens, voters and activists,* Routledeg, 2006.

Pierre, Jon and B. Guy Peters, *Governance, Politics and the State,* St. Martin's Press, 2000.

Shane, Peter M. (ed.), *Democracy Online: The Prospects for Political Renewal Through the Internet,* Routledge, 2004.

Toulouse, Chris and Timothy W. Luke (eds.), *The Politics of Cyberspace,* Routledge, 1998.

Tsagarousianou, Roza, Damian Tambini and Cathy Bryan (eds.), *Cyberdemocracy: Technology, cities and civic networks,* Routledge, 1998.

あとがき

「eデモクラシー・シリーズ」と題して、『eデモクラシー』、『電子投票』、『コミュニティ』という三冊の書物を刊行したのは、二〇〇四年から二〇〇五年のことであった。シリーズをまとめるにあたっては、これらのテーマに関連する研究者をはじめ、隣接分野の研究者やシンクタンクの関係者、地方自治体やNPOの実務家など、さまざまな立場の執筆者から協力を得ることができ、当時としては最新のeデモクラシー論を展開することができたように思う。

その後、時間が経過し、現実の状況が変化したことに加え、シリーズのなかで品切れの巻も出てきたため、新たに本書をまとめることになった。その意味で、本書は、「eデモクラシー・シリーズ」全三巻の姉妹編にあたる。

思えば、かれこれ十年近くも、このようなテーマに関心をもってきた。

二〇〇〇年の流行語大賞に「IT革命」が選ばれ、二〇〇一年早々には、内閣にIT戦略本部が設置され、「e-Japan戦略」が決定された。「e-Japan戦略」では、「我が国が五年以内に世界最先端のIT国家になる」という目標が掲げられたが、果たして本当に日本が世界最先端のIT国家になることができるのか、そもそもIT国家とはどのようなものなのか、ITと政治とはどのようなかかわりをもつのだろうかなどという関心を抱いたのがきっかけであった。

また、二〇〇一年より二〇〇四年頃まで、㈱ＮＴＴデータシステム科学研究所の「ｅデモクラシー」に関する共同研究プロジェクトに参加する機会を得ることができたため、ｅデモクラシーに関して、政治学の研究者ではなく、むしろ政治学以外の分野の研究者たちと議論する機会に恵まれた。そのときのつながりから派生して、さまざまな執筆者とともにまとめたのが、先に述べた「ｅデモクラシー・シリーズ」であった。

同時期には、日本で初めての電子投票が導入され、ｅデモクラシーとの関連で、電子投票の様子をみてきた。二〇〇二年六月二三日が日本初の電子投票実施の日であったが、その後、今日に至るまでに二〇回を数えている。その間、総務省の「電子投票システム調査検討会」で最先端の議論にふれることもできたため、よりいっそう現場の動きに目を配りつつ、電子投票の現状と課題について考えることができた。

いくつかの学会や研究会において、本書のもとになった報告を行う機会を得た。

本書のテーマに関連した折々の議論にかかわった方々に御礼を申し上げたい。

私が日本大学法学部に転任して、ちょうど三年が過ぎた。私自身は、自由な環境のもとで快適な日々を送っている。そのような場に身を置けることや、快適な時間を過ごせるのは、ひとえに法学部の先生方のおかげである。

そもそも私が政治学者として今日あるのは、学生時代に恩師より受けた指導があったからだと、今さらながら痛感する。私が大学院に入ったのは、一九八八年のことであった。それから二〇年が過ぎ、今日に至っている。東海大学名誉教授の白鳥令先生には衷心より謝意を表するとともに、古希を過ぎた今も国際教養大学において第一線で活躍されている様子を拝見し、尊敬の念を抱くばかりである。

本書の刊行が実現したのは、日本経済評論社の栗原哲也社長と清達二氏のおかげである。とりわけ、清氏には、企画から刊行までの一連の過程において、迅速かつ的確な仕事をしていただいた。心から感謝の意を表したい。

最後に、本書をまとめるにあたり、陰に日に支えてくれた妻・優に対し、感謝の気持ちを伝えつつ、本書を捧げることにしたい。

二〇〇九年四月一二日

日本で二〇回目の電子投票が行われた日に

岩　崎　正　洋

電子投票【eデモクラシー・シリーズ第2巻】 岩崎正洋著 本体2500円

コミュニティ【eデモクラシー・シリーズ第3巻】 岩崎正洋・河井孝仁・田中幹也編 本体2500円

ハイブリッド・コミュニティ
情報と社会と関係をケータイする時代に 遊橋裕泰・河井孝仁編著 本体1800円

地域メディアが地域を変える 河井孝仁・遊橋裕泰編著 本体2200円

著者紹介

岩《いわ》崎《さき》正《まさ》洋《ひろ》

日本大学法学部教授．1965年生まれ．東海大学大学院政治学研究科博士課程後期修了．博士（政治学）．東海大学政治経済学部助手，杏林大学社会科学部・総合政策学部助教授，日本大学法学部助教授を経て，2008年より現職．

主著：『政党システムの理論』（東海大学出版会，1999年），『電子投票』（日本経済評論社，2004年），『政治発展と民主化の比較政治学』（東海大学出版会，2006年），編著に『政策とガバナンス』（共編著，東海大学出版会，2003年），『ガバナンスの課題』（編著，東海大学出版会，2005年），『eデモクラシー』（編著，日本経済評論社，2005年），『コミュニティ』（共編著，日本経済評論社，2005年）など．

eデモクラシーと電子投票

2009年6月15日　第1刷発行

定価（本体2500円＋税）

著　者　岩　崎　正　洋

発行者　栗　原　哲　也

発行所　株式会社 日本経済評論社

〒101-0051 東京都千代田区神田神保町3-2
電話 03-3230-1661　FAX 03-3265-2993
E-mail : info8188@nikkeihyo.co.jp
振替 00130-3-157198

装丁＊奥定泰之　　シナノ印刷／高地製本

ISBN978-4-8188-2057-9

索引

［欧文］

［あ行］

［た行］

［な行］

［は行］

［ま行］

［や行］

［ら・わ行］

高度情報通信ネットワーク社会形成基本法

目次

第一章　総則

（目的）

第一条　この法律は，情報通信技術の活用により世界的規模で生じている急激かつ大幅な社会経済構造の変化に適確に対応することの緊要性にかんがみ，高度情報通信ネットワーク社会の形成に関し，基本理念及び施策の策定に係る基本方針を定め，国及び地方公共団体の責務を明らかにし，並びに高度情報通信ネットワーク社会推進戦略本部を設置するとともに，高度情報通信ネットワーク社会の形成に関する重点計画の作成について定めることにより，高度情報通信ネットワーク社会の形成に関する施策を迅速かつ重点的に推進することを目的とする．

（定義）

第二条　この法律において「高度情報通信ネットワーク社会」とは，インターネットその他の高度情報通信ネットワークを通じて自由かつ安全に多様な情報又は知識を世界的規模で入手し，共有し，又は発信することにより，あらゆる分野における創造的かつ活力ある発展が可能となる社会をいう．

（事務）

第三十二条　本部に関する事務は，内閣官房において処理し，命を受けて内閣官房副長官補が掌理する．

（主任の大臣）

第三十三条　本部に係る事項については，内閣法（昭和二十二年法律第五号）にいう主任の大臣は，内閣総理大臣とする．

（政令への委任）

第三十四条　この法律に定めるもののほか，本部に関し必要な事項は，政令で定める．

第四章　高度情報通信ネットワーク社会の形成に関する重点計画

第三十五条　本部は，この章の定めるところにより，重点計画を作成しなければならない．

2　重点計画は，次に掲げる事項について定めるものとする．

一　高度情報通信ネットワーク社会の形成のために政府が迅速かつ重点的に実施すべき施策に関する基本的な方針

二　世界最高水準の高度情報通信ネットワークの形成の促進に関し政府が迅速かつ重点的に講ずべき施策

三　教育及び学習の振興並びに人材の育成に関し政府が迅速かつ重点的に講ずべき施策

四　電子商取引等の促進に関し政府が迅速かつ重点的に講ずべき施策

五　行政の情報化及び公共分野における情報通信技術の活用の推進に関し政府が迅速かつ重点的に講ずべき施策

六　高度情報通信ネットワークの安全性及び信頼性の確保に関し政府が迅速かつ重点的に講ずべき施策

七　前各号に定めるもののほか，高度情報通信ネットワーク社会の形成に関する施策を政府が迅速かつ重点的に推進するために必要な事項

3　重点計画に定める施策については，原則として，当該施策の具体的な目標及びその達成の期間を定めるものとする．

4　本部は，第一項の規定により重点計画を作成したときは，遅滞なく，

これをインターネットの利用その他適切な方法により公表しなければならない．

5　本部は，適時に，第三項の規定により定める目標の達成状況を調査し，その結果をインターネットの利用その他適切な方法により公表しなければならない．

6　第四項の規定は，重点計画の変更について準用する．

附　則

（施行期日）

1　この法律は，平成十三年一月六日から施行する．

（検討）

2　政府は，この法律の施行後三年以内に，この法律の施行の状況について検討を加え，その結果に基づいて必要な措置を講ずるものとする．

e-Japan 戦略

高度情報通信ネットワーク社会推進戦略本部
平成 13 年 1 月 22 日

目次

② 2002年までに達成すべき分野

3. 電子政府の実現

(1) 基本的考え方

(2) 目標

(3) 推進すべき方策

① 行政（国・地方公共団体）内部の電子化

② 官民接点のオンライン化

③ 行政情報のインターネット公開，利用促進

④ 地方公共団体の取組み支援

⑤ 規制・制度の改革

⑥ 調達方式の見直し

4. 人材育成の強化

(1) 基本的考え方

(2) 目標

(3) 推進すべき方策

① 情報リテラシーの向上

② ITを指導する人材の育成

③ IT技術者・研究者の育成

④ コンテンツ・クリエイターの育成

我が国は，21世紀を迎え，すべての国民が情報通信技術（IT）を積極的に活用し，かつその恩恵を最大限に享受できる知識創発型社会の実現に向けて，既存の制度，慣行，権益にしばられず，早急に革命的かつ現実的な対応を行わなければならない．超高速インターネット網の整備とインターネット常時接続の早期実現，電子商取引ルールの整備，電子政府の実現，新時代に向けた人材育成等を通じて，市場原理に基づき民間が最大限に活力を発揮できる環境を整備し，我が国が5年以内に世界最先端のIT国家となることを目指す．

I. 基本理念

1. IT 革命の歴史的意義

(1) IT 革命と知識創発型社会への移行

コンピュータや通信技術の急速な発展とともに世界規模で進行するIT革命は，18世紀に英国で始まった産業革命に匹敵する歴史的大転換を社会にもたらそうとしている．産業革命では，蒸気機関の発明を発端とする動力技術の進歩が世界を農業社会から工業社会に移行させ，個人，企業，国家の社会経済活動のあり方を一変させた．これに対して，インターネットを中心とするIT の進歩は，情報流通の費用と時間を劇的に低下させ，密度の高い情報のやり取りを容易にすることにより，人と人との関係，人と組織との関係，人と社会との関係を一変させる．この結果，世界は知識の相互連鎖的な進化により高度な付加価値が生み出される知識創発型社会に急速に移行していくと考えられる．

(2) 新しい国家基盤の必要性

我が国は，明治維新を機に農業社会から工業社会への移行を始め，第二次世界大戦の終戦を機に規格大量生産型の工業社会を急速に発展させることに成功した．その結果，維新以来100年余りの短い期間で，西欧社会に対する経済発展の遅れを取り戻し，米国に次ぐ経済大国に成長した．この経済発展の恩恵は広く国民に行き渡り，国民生活の豊かさが飛躍的に向上した．この成功の要因は，我が国が工業社会にふさわしい社会基盤の整備を素早く的確に実現できたことにあるといえるであろう．

我が国が引き続き経済的に繁栄し，国民全体の更に豊かな生活を実現するためには，情報と知識が付加価値の源泉となる新しい社会にふさわしい法制度や情報通信インフラなどの国家基盤を早急に確立する必要がある．しかしながら，革命の常として，工業社会から知識創発型社会への変化は不連続であり，その過程では将来の繁栄を実現するための痛みにも耐えなければならない．我々国民一人一人は，明治維新，終戦といった過去の時代への幕引きがない中で，自ら素早く社会構造の大変革を実行することが求められているといえる．

2. 各国のIT 革命への取り組みと日本の遅れ

(1) 各国のIT 国家戦略への取り組み

産業革命に対する各国の対応が，その後の国家経済の繁栄を左右したが，同様のことがIT 革命においてもいえる．即ち，知識創発のための環境整備をいかに行うかが，21世紀における各国の国際競争優位を決定付けることになる．米国はいうに及ばず，欧州やアジアの国々がIT 基盤の構築を国家戦略として集中的に進めようとしているのは，そうした将来展望に立ってのことである．

(2) 我が国のIT 革命への取り組みの遅れ

それに対して我が国のIT 革命への取り組みは大きな遅れをとっている．インターネットの普及率は，主要国の中で最低レベルにあり，アジア・太平洋地域においても決して先進国であるとはいえない．また，IT がビジネスや行政にどれほど浸透しているかという点から見ても，我が国の取り組みは遅れているといわざるを得ない．変化の速度が極めて速い中で，現在の遅れが将来取り返しのつかない競争力格差を生み出すことにつながることを我々は認識する必要がある．

こうした我が国のインターネット利用の遅れは，地域通信市場における通信事業の事実上の独占による高い通信料金と利用規制によるところが大きいと考えられる．また，インターネット網が低速で非効率な音声電話網の上に作られていること及び通信料金が従量制になっていることが，データ通信料金を高いものとする原因になっていた．1985年に通信事業の民営化が行われ，また最近になって外資規制の緩和などが行われたが，未だに数多くの規制や煩雑な手続きを必要とする規則が通信事業者間の公正かつ活発な競争を妨げている．これに加え，書面主義，対面主義による旧来の法律などもインターネット利用の妨げとなってきた．すなわち，インターネット普及の遅れの主要因は，制度的な問題にあったと考えられる．

3. 基本戦略

(1) 国家戦略の必要性

我が国がこれまでの遅れを取り戻し，必要とするすべての国民に世界最

先端のIT環境を提供し，更には世界への積極的な貢献を行っていくためには，必要とされる制度改革や施策を当面の5年間に緊急かつ集中的に実行していくことが求められる．そのためには，社会経済の構造改革の方向性と改革の道筋を具体的に描いた国家戦略を構築し，その構想を国民全体で共有することが重要である．

民間が自由で公正な競争を通じて様々な創意工夫を行い，IT革命の強力な原動力となることができるように，政府は縦割り行政を排し，国・地方が相互に連携して，市場原理に基づく開かれた市場が円滑に機能するような基盤整備を迅速に行う必要がある．

(2) 目指すべき社会

我が国は，国家戦略を通じて，国民の持つ知識が相互に刺激し合うことによって様々な創造性を生み育てるような知識創発型の社会を目指す．ここで実現すべきことの第一は，すべての国民が情報リテラシー[1)]を備え，地理的・身体的・経済的制約等にとらわれず，自由かつ安全に豊富な知識と情報を交流し得ることである．第二は，自由で規律ある競争原理に基づき，常に多様で効率的な経済構造に向けた改革が推進されることである．そして第三は，世界中から知識と才能が集まり，世界で最も先端的な情報，技術，創造力が集積・発信されることによって，知識創発型社会の地球規模での進歩と発展に向けて積極的な国際貢献を行なうことである．

具体的には，次のような社会像を描くことができる．

- 教育：地理的，身体的，経済的制約等に関わらず，誰もが，必要とする最高水準の教育を受けることができる．
- 芸術・科学：あらゆる美術作品，文学作品，科学技術を地理的な制限なく，どこにいても鑑賞，利用できる．また，人々がデジタル・コンテンツ[2)]を容易に作成し，流通させることができる．
- 医療・介護：在宅患者の緊急時対応を含め，ネットワークを通じて，安全に情報交換ができ，遠隔地であっても質の高い医療・介護サービスを受けることができる．
- 就労：交通手段に依存することなく，ネットワークを通じて職場とつながることにより，各人が年齢や性別に関わりなく希望する仕事をしつつ，生活の場を選択することが可能となる．

- 産業：企業規模にかかわらず，IT を駆使して，自由に世界中の顧客と商取引を行うことができる．競争の促進と知的財産権の保護とのバランスが，国際的な整合性をもって保たれる．
- 環境：テレワーク等による交通量の抑制，経済活動のネットワーク化による，資源・エネルギーの消費抑制等により，環境への負荷を総合的に軽減していくことが可能になる．
- 生活：いつどこにいても，様々な情報機器を通じて最新の映画を鑑賞し，人気のテレビゲームを楽しみ，離れた家族や友人と，音声のみならず映像を通じた質の高いコミュニケーションを図ることができる．
- 移動・交通：高度な道路交通システム（ITS）の導入により，目的地に最適な交通手段で，最短の時間で行くことができ，渋滞や事故の少ない，安全で快適な移動が可能となる．
- 社会参加：ネットワークを通じて，国民自らの積極的な情報発信，社会形成への参画が可能となる．また，障害者や高齢者の社会参加が容易になり，各人がボランティアや社会貢献活動にも容易に参加することができる．
- 行政：自宅や職場にいながら，政府に関する情報が即座に手に入り，ワンストップサービスで住所・戸籍，税の申告・納付などの行政サービスを受けることができる．

(3) 4 つの重点政策分野

上記に描いたような知識創発型社会を実現するために，我が国は新しい IT 国家基盤として，①超高速ネットワークインフラ整備及び競争政策，②電子商取引と新たな環境整備，③電子政府の実現，④人材育成の強化，の 4 つの重点政策分野に集中的に取り組む必要がある．

我が国が IT 革命を推進するためには，ハード，ソフト，コンテンツを同時並行的に，かつ飛躍的に発展させることが重要である．特に，市場競争原理に基づく超高速ネットワークインフラ整備と情報リテラシーの普及を含む人材育成は，IT 革命の推進に不可欠な基盤となる．また，こうした基盤の上における IT を活用した取引や活動を活性化するためには，電子政府の実現と，政府規制の緩和や新しいルール作りを通じた電子商取引の促進を図ることが必要となる．4 つの重点政策分野の選定は，このような理由に基づくものである．

II. 重点政策分野

1. 超高速ネットワークインフラ整備及び競争政策

(1) 基本的考え方

IT革命の実現のためには，個人，企業，国家といった各主体間の距離と時間を克服し大量の情報流通を可能とするネットワークインフラを国民が広く低廉な料金で利用できることが不可欠である．このネットワークインフラについては，①いつでも，どこでも，誰でも，②多種多様な選択肢やサービス，③安心，容易，安全確実，④安価，高速，効率的，⑤国内外無差別，グローバルな整合性，を基本要件としてその整備を推進する必要がある．

また，ネットワークインフラの整備については，民間が主導的役割を担うことを原則とし，政府は自由かつ公正な競争の促進，基礎的な研究開発等民間の活力が十分に発揮される環境を整備する．競争政策の遂行にあたっては，「利用者の利益の最大化」と「公正な競争の促進」を基本理念とし，通信その他の関連する法律や諸制度でこれにそぐわないものについては，抜本的な改正を直ちに行う必要がある．

なお，ネットワークインフラの整備を推進する過程においては，ベンチマーク手法[3]を導入するなどして，我が国のインターネット環境を国際的に比較して常に世界最高水準にあるように努めることが必要である．

(2) 目標

① 競争及び市場原理の下，5年以内に超高速アクセス（目安として30～100 Mbps[4]）が可能な世界最高水準のインターネット網の整備を促進することにより，必要とするすべての国民がこれを低廉な料金で利用できるようにする．（少なくとも3000万世帯が高速インターネットアクセス網[5]に，また1000万世帯が超高速インターネットアクセス網[6]に常時接続可能な環境を整備することを目指す．）

② 短期的には，1年以内に有線・無線の多様なアクセス網[7]により，すべての国民が極めて安価にインターネットに常時接続することを可能とする．これに必要なあらゆる手段を速やかに講ずる．

③　インターネット端末やインターネット家電が普及し，それらがインターネットに常時接続されることを想定し，十分なアドレス空間[8]を備え，プライバシーとセキュリティ[9]の保護がしやすいIPv 6[10]を備えたインターネット網への移行を推進する．

④　無線アクセス網からのデータがインターネット網（IPv 6）に効率よく接続された最先端の高速無線インターネット環境を実現し，シームレスな移動体通信サービスを実現する．高度道路交通システム（ITS）や地理情報システム（GIS）などと連携した高度な移動体通信サービスを普及・促進する．

⑤　国内インターネット網の超高速化に併せて，国際的なインターネット・アクセスの超高速化を目指す．

（3）推進すべき方策

上記目標を達成するために，政府は以下の方策を講ずる．

①　超高速ネットワークインフラの整備及び競争の促進

ア）電気通信分野における競争を促進するためには，市場支配力に着目した非対称規制を導入する．同時に，通信事業の展開に係る各種の規制を競争を促進する方向で大幅な見直しを進めるとともに，「利用者利益の最大化」と「公正な競争の促進」を基本理念とし，事前規制を透明なルールに基づく事後チェック型行政に改める．支配的事業者[11]の反競争的行為に対する監視機能の強化を図るとともに，利用者からの苦情や事業者間紛争，制度・運用上の見直し要求への迅速な対応と裁定スキームの充実を実現するために，早急に専門の機関を設置する必要がある．他方で，競争阻害行為の排除については，独占禁止法の下で公正取引委員会の機能を強化する．

イ）光ファイバー等及びその敷設のための管路・線路・街路柱等の資源の公正かつ公平な利用を促進するために，民間活力を最大限発揮させる観点から，明確なルール等を設定する．

ウ）無線周波数帯の資源については，先端情報ネットワーク環境の発展に資するよう，定期的な割当ての見直しを含め，迅速で公平な割当てを可能にする．そのためにオークション方式なども考慮に入れた公正，透明な割当てを検討し，実施する．

② 情報格差の是正

過疎地や離島など条件不利地域における高速インターネット利用の普及策について検討する.

③ 研究開発の推進

世界最高水準の技術力を保持し，またこれを維持するために研究開発を支援・促進する.

④ 国際インターネット網の整備

我が国が，国際インターネット網のハブ[12)]として機能できるための必要な措置を講ずる.

2. 電子商取引ルールと新たな環境整備

(1) 基本的考え方

インターネット上での電子商取引は，①誰でも参加できる，②民間主導で市場が形成される，③スピードが速い，④国境のない市場が形成されるなどのサイバー空間の特徴をもち，紙ベースで行われていた取引が電子化されることによる利点にとどまらず，これまで想像もできなかったような市場が形成され，新たな取引形態が生まれると考えられる.

そのためには，誰もが安心して参加できる制度基盤と市場ルールを整備し，サイバー空間を活性化するとともにその活力を維持するための制度を構築し，更には利用者の要求の変化に柔軟に対応するための制度を実現する必要がある．サイバー空間上での電子商取引を発展させ，普及させるためには，事前ルールは最小限とし，新たに発生した紛争を解決するためのメカニズムを構築する，いわゆる事後チェック型ルールへの転換が重要になる．また，消費者や事業者など，電子商取引の参加者への障壁を取り除くとともに，取引の透明性の確保や不正への的確な対処など，参加者の信頼を得るための方策も検討する必要がある.

また，電子商取引は，国境を越えたグローバルな取引をも容易に可能とすることから，国際間の商取引を円滑に行えるような仕組みを構築するとともに，我が国からの参加者がハンディキャップを背負うことのないよう国際的に整合性を持ったルール整備を行うことも重要である.

(2) 目標

事業者間（B to B）及び事業者･消費者間（B to C）取引の市場規模は，2003年に1998年の約10倍（事業者間取引の市場規模が1998年の約10倍：70兆円程度に，また事業者･消費者間の取引が1998年の約50倍：3兆円程度）になるとの予測があるが，これを大幅に上回ることを目指す．

(3) 推進すべき方策

上記目標を達成するために，政府は以下の方策を講ずる．

① 早急に実施すべき分野

ア）既存ルールの解釈の明確化（ノーアクションレター[13]の導入），ADR（裁判外紛争処理メカニズム）の整備，独禁法ガイドラインの整備（電子商取引，知的財産関連ガイドラインの整備）を早急に実施する．

イ）民間同士の書面交付義務に関しては，2000年の臨時国会において改正法が成立したが，これ以外の対面行為，事務所の必置等の電子商取引を阻害する規制についてもこれを改革する．

ウ）契約成立時期の明確化などの電子契約や情報財契約[14]のルール，インターネットサービスプロバイダー[15]等の責任ルール等について，2001年の通常国会に必要な法律案を提出する．

エ）個人情報保護基本法案を2001年の通常国会に提出するなど消費者の信頼の確立のために必要な法的手当てを行う．

オ）株主総会の招集通知，議決権行使等についてインターネットの利用が2002年の株主総会で可能となるよう所要の商法改正法案等を国会に提出する．

② 2002年までに達成すべき分野

ア）株主総会と取締役会の権限配分の見直し，純資産額規制及び出資単位規制の見直しなどを含む商法の抜本改正を行う．

イ）コンピュータを利用した犯罪に対応するための刑事法制の見直しを行う．

ウ）コンテンツ取引の適正化を図る観点から，独占禁止法による監視等により我が国の契約慣行・流通慣行を是正するとともに，コンテンツに対する課金やクリエイターに対する正当な報酬を確保するルールを整備す

る.

3. 電子政府の実現

(1) 基本的考え方

電子政府は，行政内部や行政と国民・事業者との間で書類ベース，対面ベースで行われている業務をオンライン化し，情報ネットワークを通じて省庁横断的，国・地方一体的に情報を瞬時に共有・活用する新たな行政を実現するものである．その実現にあたっては，行政の既存業務をそのままオンライン化するのではなく，IT 化に向けた中長期にわたる計画的投資を行うとともに，業務改革，省庁横断的な類似業務・事業の整理及び制度・法令の見直し等を実施し，行政の簡素化・効率化，国民・事業者の負担の軽減を実現することが必要である．

これにより誰もが，国，地方公共団体が提供するすべてのサービスを時間的・地理的な制約なく活用することを可能とし，快適・便利な国民生活や産業活動の活性化を実現することになる．即ち，自宅や職場からインターネットを経由し，実質的にすべての行政手続の受付が 24 時間可能となり，国民や企業の利便性が飛躍的に向上する．

このように，電子政府は，IT がもたらす効果を日本社会全体で活用するための社会的基盤となるものである．

(2) 目標

文書の電子化，ペーパーレス化及び情報ネットワークを通じた情報共有・活用に向けた業務改革を重点的に推進することにより，2003 年度には，電子情報を紙情報と同等に扱う行政を実現し，ひいては幅広い国民・事業者の IT 化を促す．

(3) 推進すべき方策

上記目標を達成するために，政府は，①明確な目標設定と進捗状況に対する評価・公表，柔軟な改定，②業務・制度の改革，③民間へのアウトソーシングの推進を 3 原則とし，下記を盛り込んだ実現計画を定める．その際，主要プロジェクトについて，運用費・開発費別の投資の見込み額及びその効用を国民・事業者に明らかにする．

2003年度中に，計画の実施状況について評価・分析し，その後，新計画を策定・実施する．その際，高度情報通信ネットワーク社会推進戦略本部を中心に各省庁間の有機的な連携を確保する．

① 行政（国・地方公共団体）内部の電子化

文書の原本性，セキュリティを確保しつつ，ペーパーレス化のための業務改革を実施し，行政主体間における情報の収集・伝達・共有・処理を電子化する．また，職員の情報リテラシーの向上と意識改革を図るとともに，重要な行政情報のバックアップ体制の確立など，災害時の危機管理能力を強化する．都道府県，市町村のレベル毎に地方公共団体によるシステムの共有等を奨励し，2003年度までに全地方公共団体の総合行政ネットワークへの接続の完成を目指す．

② 官民接点のオンライン化

2003年までに，国が提供する実質的にすべての行政手続きをインターネット経由で可能とする．類似業務の統廃合とシステム化を進め，ワンストップサービスを実現する．歳入歳出手続きについては，早期の電子化を図る．地方公共団体に対しては，住民ニーズなどに対応したオンライン化を計画的に実施するよう要請する．また，行政サービスのオンライン化を見据え，行政組織の枠を超えて利用可能で，電子印鑑の機能を持ち，セキュリティの高い行政ICカードを早急に導入する．ネットワークを通じた行政ICカードの相互運用性を確保する視点から，早急にモデルシステムの開発等に着手する．

③ 行政情報のインターネット公開，利用促進

インターネットを活用した国民と行政の間での双方向の情報交流を強化する．同様の取り組みを地方公共団体に要請する．

④ 地方公共団体の取組み支援

国は，早急に地方公共団体が実現するシステムの標準案を策定・提示する．また，競争原理を尊重しつつ，地方の公共機関を結ぶ地域情報インフラ整備への支援を行う．また，国は，地方公共団体の先進的な取り組みを支援し，業務の見直し状況，住民活動・企業活動への効果等を検証すると

ともに，他の地方公共団体への展開を奨励する．また，市町村向けにシステム構築，運営等を支援する体制を整備するよう，都道府県に要請するとともに，身近な窓口で申請・届出手続きが処理され，行政全体の効率を高めるべく，一層の地方分権を進める．

⑤　規制・制度の改革

2001 年度中に，インターネットを活用した行政手続，行政運営等が可能となるよう個々の手続に求められる書類の削減・標準化，書面の提出・保存を求める法令の見直し等を行う．また，オンライン手続きの利用を促進するため，手数料等のあり方を見直すなど，奨励策を検討する．

⑥　調達方式の見直し

公共事業や資材の調達については，透明性向上やコストダウンなどを実現するために，国・地方公共団体の連携を強化し，インターネットなどによる電子調達方式を導入する．また，情報システムの調達方式は，システム開発に係る評価指標の策定・導入等により，ソフトウェアの特質を踏まえたものとする．

4．人材育成の強化

（1）基本的考え方

21 世紀は，世界的な広がりの中で英知を競い合う時代であり，IT 革命が進展する中で日本が産業競争力の強化と国民生活の利便性の向上を実現し，国際社会において確固たる地位を確立するには，人材という基盤が強固でなくてはならない．そのためには，第一に，国民全体が IT の知識を身に付け IT の便益を享受できるようになり，更に知的創造力・論理的思考力を高めることが必要である．第二に，国民の情報リテラシーの向上に向けた指導を行える人材を確保する必要がある．第三に，IT のフロンティアを開発する技術者・研究者及びコンテンツ・クリエイターを育成する必要がある．

（2）目標

①　2005 年のインターネット個人普及率予測値の 60%（平成 12 年版通信

白書）を大幅に上回ることを目指し，高齢者，障害者等に配慮しつつ，すべての国民の情報リテラシーの向上を図る．
② 小中高等学校及び大学のIT教育体制を強化するとともに，社会人全般に対する情報生涯教育の充実を図る．
③ IT関連の修士，博士号取得者を増加させ，国・大学・民間における高度なIT技術者・研究者を確保する．併せて，2005年までに3万人程度の優秀な外国人人材を受け入れ，米国水準を上回る高度なIT技術者・研究者を確保する．

(3) 推進すべき方策
上記目標を達成するために，政府は以下の方策を講ずる．

① 情報リテラシーの向上
ア） ミレニアムプロジェクト[16)]「教育の情報化」を早期に達成し，小中高等学校のインターネット接続の環境を整備し，ITを利用した教育を可能にする．また，図書館，公民館等の公共施設にインターネット接続可能な環境を整備するとともに，教育用コンテンツの充実を図る．
イ） ITを使った授業やITの倫理・マナー教育を充実する．インターネット時代にますます重要となる英語教育を充実させるとともに，数学や理科などの科目を重視して論理的思考力を育てる．同時に，自己表現能力を培い，創造力の涵養に努める．
ウ） 学校単位でインターネットを活用した国内外の他地域の学校との交流を促進し，異なる文化・立場を持つ人々とも協働できるような人材を育てる．

② ITを指導する人材の育成
教員のIT研修の機会を設けるとともに，ITを指導する人材の登録・派遣制度を導入し，企業・大学等の人材を能力に応じ，必要な場所へ派遣するなど，外部人材の登用を強化する．国民すべての情報リテラシーの向上を図るため，地方公共団体や地元企業を活用したボランティア精神に基づくNPO[17)]的な取り組みを支援する．

③ IT技術者・研究者の育成

大学に関する制度を見直し，大学改革を積極的に進める．具体的には，競争原理を導入して，人事・予算，学部・学科・カリキュラム等の設定，民間企業との研究者の交流など，大学自身による一層の自律的・機動的なマネジメントを可能とし，IT 関連教育の充実など独自色の発揮がより一層促進される環境を早期に実現する．

また，カリキュラム面などで機動的な対応が可能な専修学校における IT 関連講座を充実させ，大学からの人材輩出と併せて，社会のニーズに合致した高度な IT 技術者・研究者を数多く輩出できる環境を実現する．

専門的・技術的分野の外国人人材の受入れが進むよう，資格制度の国際標準化を推進するとともに，IT 技術者の在留資格要件（上陸許可基準）等外国人受入れ関連制度を早急に見直す．

④　コンテンツ・クリエイターの育成

世界最高水準のコンテンツを制作できるクリエイターの育成により日本のコンテンツ発信能力を強化するため，インキュベーション[18]の促進等を通じてデジタル・コンテンツの開発環境を整備する．

（注）

1）　リテラシー：読み書きの能力．識字．転じて，ある分野に関する知識・能力．

2）　コンテンツ：情報の内容，中身．特に静止画や動画，音声等の素材を表す．

3）　ベンチマーク手法：ある基準と比較することによってそのギャップを埋め，現状を根本的に改革するための手法．アメリカのゼロックス社の経営評価で最初に導入された．

4）　（M）bps：（Mega）bits per second の略．bps はデータ通信における情報の通信速度の単位であり，1 秒間に通信することのできるビット数を表す．Mbps は 10 の 6 乗 bps.

5）　高速インターネットアクセス網：音楽データ等をスムーズにダウンロードできるインターネット網のことをいい，現時点では xDSL，CATV，加入者系無線アクセスシステムを利用したインターネット網が代表的な例．

6）　超高速インターネットアクセス網：映画等の大容量映像データでも

スムーズにダウンロードできるインターネット網のことをいい，現時点では光ファイバーを利用したインターネット網が代表的な例.

7) アクセス（系）（網）：通信事業者の基幹回線ネットワークとユーザーを結ぶ回線網.

8) アドレス空間：IP アドレス（ネットワークにおける通信相手の存在場所を識別するために使用する）が存在する論理的な空間のこと．現在の IPv 4 の IP アドレス空間は 32 ビット，IPv 6 になった場合 128 ビットに増える.

9) セキュリティ：情報セキュリティ．情報通信を利用する上での安全性.

10) IPv 6 : IP の次期規格の名称で，アドレス長が現行の 32 ビットから 128 ビットへ拡張されるなどの特徴がある.

11) 支配的事業者：市場における（価格及び供給に関する）参加の条件に著しく影響を及ぼす能力を有する事業者.

12) ハブ：活動等の中心・中枢.

13) ノーアクションレター：官公庁の担当者が照会にかかる取引等が行われた場合にこれに対する処分を行わない旨表示し，照会者に回答する書面のこと．米国の証券取引委員会（SEC）などに例がある.

14) 情報財契約：ソフトウェアやデジタルコンテンツなどの情報財についての取引契約.

15) インターネットサービスプロバイダー：インターネットへの接続サービス等を提供する電気通信事業者.

16) ミレニアムプロジェクト：平成 11 年 12 月に内閣総理大臣決定された，新しい千年紀を迎えるに当たっての国家プロジェクト．このうちの「教育の情報化」プロジェクトにおいては，2001 年度までにすべての公立小中高等学校，盲・ろう・養護学校（約39,700校）がインターネットに接続できるようにする．また 2005 年度までに，全ての公立小中高等学校等が，各学級の授業においてコンピュータを活用できる環境の整備を行えるようにする.

17) NPO : Nonprofit organization の略．行政・企業とは別に社会的活動をする非営利の民間組織.

18) インキュベーション：新規産業の育成・誘致のため，公的機関等がベンチャー企業に低コストで場所，機器，助成金などを提供するもの.

地方公共団体の議会の議員及び長の選挙に係る電磁的記録式投票機を用いて行う投票方法等の特例に関する法律

（平成十三年十二月七日法律第百四十七号）

最終改正：平成一五年六月一一日法律第六九号

（趣旨）

第一条　この法律は，情報化社会の進展にかんがみ，選挙の公正かつ適正な執行を確保しつつ開票事務等の効率化及び迅速化を図るため，当分の間の措置として，地方公共団体の議会の議員及び長の選挙に係る電磁的記録式投票機を用いて行う投票方法等について，公職選挙法（昭和二十五年法律第百号）の特例を定めるものとする．

（定義）

第二条　この法律において，次の各号に掲げる用語の意義は，当該各号に定めるところによる．

一　電磁的記録媒体 電子的方式，磁気的方式その他人の知覚によっては認識することができない方式で作られる記録であって，電子計算機による情報処理の用に供されるもの（次号において「電磁的記録」という．）に係る記録媒体をいう．

二　電磁的記録式投票機 当該機械を操作することにより，当該機械に記録されている公職の候補者のいずれかを選択し，かつ，当該公職の候補者を選択したことを電磁的記録として電磁的記録媒体に記録することができる機械をいう．

（電磁的記録式投票機による投票）

第三条　市町村（地方自治法（昭和二十二年法律第六十七号）第二百五十二条の十九第一項の指定都市（以下「指定都市」という．）を除く．以下この項において同じ．）の議会の議員又は長の選挙の投票（公職選挙法第四十七条，第四十九条並びに第五十条第三項及び第五項の規定による投票を除く．）については，市町村は，同法第四十五条，第四十六条

第一項及び第四十八条の規定にかかわらず，条例で定めるところにより，選挙人が，自ら，投票所（期日前投票所を含む．以下この条において同じ．）において，電磁的記録式投票機を操作することにより，当該電磁的記録式投票機に記録されている公職の候補者のうちその投票しようとするもの一人を選択し，かつ，当該公職の候補者を選択したことを電磁的記録媒体に記録する方法によることができる．

2　指定都市の議会の議員又は長の選挙の投票（公職選挙法第四十七条，第四十九条並びに第五十条第三項及び第五項の規定による投票を除く．）については，指定都市は，同法第四十五条，第四十六条第一項及び第四十八条の規定にかかわらず，条例で定めるところにより，当該条例で定める当該指定都市の区の区域内の投票区を除き，選挙人が，自ら，投票所において，電磁的記録式投票機を操作することにより，当該電磁的記録式投票機に記録されている公職の候補者のうちその投票しようとするもの一人を選択し，かつ，当該公職の候補者を選択したことを電磁的記録媒体に記録する方法によることができる．この場合における同法第四十六条の二第一項の規定の適用については，同項中「第四十九条」とあるのは，「第四十九条並びに地方公共団体の議会の議員及び長の選挙に係る電磁的記録式投票機を用いて行う投票方法等の特例に関する法律第三条第二項及び第七条」とする．

3　都道府県の議会の議員又は長の選挙の投票（公職選挙法第四十七条，第四十九条並びに第五十条第三項及び第五項の規定による投票を除く．）については，都道府県は，同法第四十五条，第四十六条第一項及び第四十八条の規定にかかわらず，前二項の条例を定めた市町村のうち当該都道府県の条例で定めるものの区域（指定都市にあっては，議会の議員の選挙に係る前項の条例及び長の選挙に係る同項の条例で定める区以外の区のうち当該都道府県の条例で定めるものの区域に限る．）内の投票区に限り，当該都道府県の条例で定めるところにより，選挙人が，自ら，投票所において，電磁的記録式投票機を操作することにより，当該電磁的記録式投票機に記録されている公職の候補者のうちその投票しようとするもの一人を選択し，かつ，当該公職の候補者を選択したことを電磁的記録媒体に記録する方法によることができる．この場合における同法第四十六条の二第一項の規定の適用については，同項中「第四十九条」とあるのは，「第四十九条並びに地方公共団体の議会の議員及び長の選

挙に係る電磁的記録式投票機を用いて行う投票方法等の特例に関する法律第三条第三項及び第七条」とする．

（電磁的記録式投票機の具備すべき条件等）

第四条　前条の規定による投票に用いる電磁的記録式投票機は，次に掲げる条件を具備したものでなければならない．

一　選挙人が一の選挙において二以上の投票を行うことを防止できるものであること．

二　投票の秘密が侵されないものであること．

三　電磁的記録式投票機の操作により公職の候補者のいずれを選択したかを電磁的記録媒体に記録する前に，当該選択に係る公職の候補者の氏名を電磁的記録式投票機の表示により選挙人が確認することができるものであること．

四　電磁的記録式投票機の操作により公職の候補者のいずれを選択したかを電磁的記録媒体に確実に記録することができるものであること．

五　予想される事故に対して，電磁的記録式投票機の操作により公職の候補者のいずれを選択したかを記録した電磁的記録媒体（以下「投票の電磁的記録媒体」という．）の記録を保護するために必要な措置が講じられているものであること．

六　投票の電磁的記録媒体を電磁的記録式投票機から取り出せるものであること．

七　権限を有しない者が電磁的記録式投票機の管理に係る操作をすることを防止できるものであること．

八　前各号に掲げるもののほか，選挙の公正かつ適正な執行を害しないものであること．

2　前条の規定による投票に用いる電磁的記録式投票機は，電気通信回線に接続してはならない．

（電磁的記録式投票機において表示すべき事項等）

第五条　公職の候補者に関し電磁的記録式投票機において表示すべき事項は，公職の候補者の氏名及び党派別とする．この場合において，その表示の方法について必要な事項は，都道府県の議会の議員又は長の選挙については都道府県が，市町村の議会の議員又は長の選挙については市町

村が，それぞれ，条例で定める．

（電磁的記録式投票機の指定）

第六条　市町村の選挙管理委員会は，第三条の規定による投票を行う選挙について，第四条第一項各号に掲げる条件を具備する電磁的記録式投票機のうちから，当該選挙の投票に用いる電磁的記録式投票機を指定しなければならない．この場合において，第三条第三項の規定による投票に用いる電磁的記録式投票機を指定しようとするときは，あらかじめ，都道府県の選挙管理委員会に協議し，その同意を得なければならない．

2　市町村の選挙管理委員会は，前項の規定により電磁的記録式投票機を指定したときは，当該指定に係る電磁的記録式投票機の型式，構造，機能及び操作の方法を告示しなければならない．

（電磁的記録式投票機による代理投票等）

第七条　第三条の規定による投票において，身体の故障又は文盲により，自ら電磁的記録式投票機を用いた投票（電磁的記録式投票機を操作することにより，公職の候補者を選択し，かつ，当該公職の候補者を選択したことを電磁的記録媒体に記録することをいう．以下同じ．）を行うことができない選挙人は，同条の規定にかかわらず，投票管理者に申し立て，当該電磁的記録式投票機を用いた代理投票を行わせることができる．

2　前項の規定による申立てがあった場合においては，投票管理者は，投票立会人の意見を聴いて，当該選挙人の投票を補助すべき者二人をその承諾を得て定め，その一人に当該選挙人が指示する公職の候補者一人に対して電磁的記録式投票機を用いた投票を行わせ，他の一人をこれに立ち会わせなければならない．

3　第三条の規定による投票において，自ら電磁的記録式投票機を用いた投票を行うことが困難な選挙人（第一項に規定する選挙人を除く．）は，同条の規定にかかわらず，投票管理者に申し立て，当該電磁的記録式投票機の操作についての補助を行わせることができる．

4　前項の規定による申立てがあった場合においては，投票管理者は，投票立会人の意見を聴いて，当該選挙人のために電磁的記録式投票機の操作を補助すべき者二人をその承諾を得て定め，その一人に電磁的記録式投票機の操作についての助言，介助その他の必要な措置（電磁的記録式

投票機の操作により公職の候補者のいずれを選択したかを電磁的記録媒体に記録することを除く.）を行わせ，他の一人をこれに立ち会わせなければならない.

（投票の特例）

第八条　第三条の規定による投票を行う選挙について，次の表の上欄に掲げる公職選挙法の規定を適用する場合においては，これらの規定中同表の中欄に掲げる字句は，それぞれ同表の下欄に掲げる字句に読み替えるものとする.

第四十八条の二第二項の表	第五十三条第一項	地方公共団体の議会の議員及び長の選挙に係る電磁的記録式投票機を用いて行う投票方法等の特例に関する法律第八条の規定により読み替えて適用される第五十三条第一項
	閉鎖しなければ	状態にしなければ
	入れさせる場合	入れさせる場合又は当該電磁的記録式投票機を用いて投票させる場合
	開かなければ	開き，又は当該電磁的記録式投票機を投票できる状態にしなければ
	第五十三条第二項	地方公共団体の議会の議員及び長の選挙に係る電磁的記録式投票機を用いて行う投票方法等の特例に関する法律第八条の規定により読み替えて適用される第五十三条第二項
	投票箱を開いた場合は	投票箱を開いた場合又は電磁的記録式投票機を投票できる状態にした場合は
	第五十五条	地方公共団体の議会の議員及び長の選挙に係る電磁的記録式投票機を用いて行う投票方法等の特例に関する法律第八条の規定により読み替えて適用される第五十五条
第五十三条第一項	閉鎖しなければ	閉鎖し，かつ，電磁的記録式投票機（地方公共団体の議会の議員及び長の選挙に係る電磁的記録式投票機を用いて行う投票方法等の特例に関する法律第二条第二号に規定する電磁的記録式投票機をいう．以下同じ.）を投票

		できない状態にしなければ
第五十三条第二項	の閉鎖	が閉鎖され，かつ，電磁的記録式投票機が投票できない状態にされた
第五十五条	投票箱	投票箱，投票の電磁的記録媒体（地方公共団体の議会の議員及び長の選挙に係る電磁的記録式投票機を用いて行う投票方法等の特例に関する法律第四条第一項第五号に規定する投票の電磁的記録媒体をいう．以下同じ．），投票を複写した電磁的記録媒体（同法第十条第二項に規定する投票を複写した電磁的記録媒体をいう．以下同じ．）
第五十六条	投票箱を送致する	投票箱，投票の電磁的記録媒体又は投票を複写した電磁的記録媒体を送致する
	その投票箱	その投票箱，投票の電磁的記録媒体，投票を複写した電磁的記録媒体

（開票の特例）

第九条　第三条の規定による投票を行う選挙について，公職選挙法第六十五条及び第七十一条の規定を適用する場合においては，同法第六十五条中「投票箱」とあるのは「投票箱及び投票の電磁的記録媒体若しくは投票を複写した電磁的記録媒体」と，同法第七十一条中「投票は，有効無効を区別し」とあるのは「投票，投票の電磁的記録媒体及び投票を複写した電磁的記録媒体は」と，「保存しなければならない」とあるのは「保存しなければならない．この場合において，投票にあつては，有効無効を区別して保存しなければならない」とする．

2　第三条及び第七条の規定による投票については，公職選挙法第六十六条から第六十八条の二までの規定は，適用しない．

3　公職選挙法第六十八条第一項第二号又は第五号に規定する者に対する第三条及び第七条の規定による投票は，無効とする．

4　開票管理者は，第三条及び第七条の規定による投票については，開票立会人とともに，投票の電磁的記録媒体に記録された投票を電子計算機を用いて集計することにより，各公職の候補者の得票数を計算しなければならない．この場合において，開票管理者は，開票立会人の意見を聴いて，投票の効力を決定しなければならない．

5　開票管理者は，第三条の規定による投票を行う選挙については，公職

選挙法第六十六条第三項の規定にかかわらず，前項の計算の結果及び同条第二項の規定により行った投票の点検の結果により，各公職の候補者の得票数を計算し，直ちにそれらの結果を選挙長に報告しなければならない．

（投票を複写した電磁的記録媒体）

第十条　投票管理者は，第三条及び第七条の規定による投票については，当該選挙に関する事務を管理する選挙管理委員会の定めるところにより，投票の電磁的記録媒体に記録された投票を他の電磁的記録媒体に複写しなければならない．

2　開票管理者は，投票の電磁的記録媒体が破損し又は紛失したことにより，前条第四項の規定による集計を行うことが不可能であると認めるときは，開票立会人の意見を聴いて，当該投票の電磁的記録媒体に代えて，前項の規定により当該投票の電磁的記録媒体に記録された投票を複写した電磁的記録媒体（以下「投票を複写した電磁的記録媒体」という．）を使用して開票を行うものとする．

（選挙会の特例）

第十一条　第三条の規定による投票を行う選挙について，公職選挙法第七十九条第一項，第八十条並びに第八十三条第二項及び第三項の規定を適用する場合においては，同法第七十九条第一項中「第七章」とあるのは「第七章及び地方公共団体の議会の議員及び長の選挙に係る電磁的記録式投票機を用いて行う投票方法等の特例に関する法律第九条第五項」と，同法第八十条第一項及び第三項中「第六十六条第三項」とあるのは「地方公共団体の議会の議員及び長の選挙に係る電磁的記録式投票機を用いて行う投票方法等の特例に関する法律第九条第五項」と，同条第二項中「結果」とあるのは「結果及び地方公共団体の議会の議員及び長の選挙に係る電磁的記録式投票機を用いて行う投票方法等の特例に関する法律第九条第四項の規定による計算の結果」と，同法第八十三条第二項中「第六十六条第三項」とあるのは「地方公共団体の議会の議員及び長の選挙に係る電磁的記録式投票機を用いて行う投票方法等の特例に関する法律第九条第五項」と，同条第三項中「投票の有効無効を区別し」とあるのは「投票，投票の電磁的記録媒体及び投票を複写した電磁的記録媒

体は」と，「保存しなければならない」とあるのは「保存しなければならない．この場合において，投票にあつては，有効無効を区別して保存しなければならない」とする．

（立候補の特例）

第十二条　第三条の規定による投票を行う選挙（公職選挙法第四十六条の二第一項の規定による投票を行う選挙を除く.）について，同法第八十六条の四の規定を適用する場合においては，同条第五項及び第六項中「三日」とあるのは「四日」と，「二日」とあるのは「三日」と，同条第八項中「三日」とあるのは「四日」とする．

（公職の候補者が死亡した場合等における電磁的記録式投票機の取扱い等）

第十三条　第三条の規定による投票を行う選挙について，公職の候補者が死亡した場合，公職選挙法第八十六条の四第九項の規定により届出を却下した場合又は同法第九十一条第二項若しくは第百三条第四項の規定により公職の候補者たることを辞したものとみなされた場合における電磁的記録式投票機の取扱いその他必要な措置については，政令で定める．

（公職の候補者が死亡した場合等の特例）

第十三条の二　第三条の規定による投票を行う選挙について，第十二条の規定により読み替えて適用される公職選挙法第八十六条の四第五項から第七項までに規定する事由が生じた場合においては，第三条の規定にかかわらず，政令で定める期間，電磁的記録式投票機を用いた投票を行わないものとし，同法第四十五条，第四十六条第一項，第四十八条及び第四十八条の二の規定により投票を行うものとする．

（同時選挙等の特例）

第十四条　第三条の規定による投票を行う選挙については，公職選挙法第十二章の規定は，適用しない．ただし，市町村の議会の議員の選挙と市町村長の選挙をともに同条第一項又は第二項の規定による投票により行う場合（指定都市の議会の議員の選挙に係る同項の条例で定める区と当該指定都市の長の選挙に係る同項の条例で定める区が異なる場合を除く.）にあっては，この限りでない．

2　地方自治法第七十六条第三項，第八十条第三項，第八十一条第二項又は第二百六十一条第三項の規定による投票は，同法第八十五条第二項又は第二百六十二条第二項の規定にかかわらず，第三条の規定による投票を行う選挙と同時にこれを行うことができない．

（投票記載所の氏名等の掲示の特例）

第十五条　第三条第一項又は第二項の規定による投票を行う選挙について，公職選挙法第百七十五条第八項の規定を適用する場合においては，同項中「第一項又は」とあるのは「第一項の掲示に関し必要な事項は市町村の選挙管理委員会が，」と，「事項は，」とあるのは「事項は」とする．

（罰則）

第十六条　第三条及び第七条の規定による投票については，電磁的記録式投票機，投票の電磁的記録媒体及び投票を複写した電磁的記録媒体は投票箱と，第七条第二項の規定により選挙人の投票を補助すべき者及び同条第四項の規定により選挙人のために電磁的記録式投票機の操作を補助すべき者は公職選挙法第四十八条第二項の規定により投票を補助すべき者とみなして，同法第十六章の規定を適用する．

2　第七条第二項の規定により電磁的記録式投票機を用いた投票を行うべきものと定められた者が選挙人の指示する公職の候補者に対して電磁的記録式投票機を用いた投票を行わなかったときは，二年以下の禁錮又は三十万円以下の罰金に処する．

3　次に掲げる違反があった場合においては，その違反行為をした者は，二十万円以下の罰金に処する．

一　第七条第二項の規定により選挙人の投票を補助すべき者が同項の投票の補助の義務に違反したとき．

二　第七条第四項の規定により選挙人のために電磁的記録式投票機の操作を補助すべき者が同項の電磁的記録式投票機の操作の補助の義務に違反したとき．

（選挙権及び被選挙権の停止）

第十七条　前条第二項又は第三項の罪を犯し罰金の刑に処せられた者は，その裁判が確定した日から五年間（刑の執行猶予の言渡しを受けた者に

ついては，その裁判が確定した日から刑の執行を受けることがなくなるまでの間)，公職選挙法に規定する選挙権及び被選挙権を有しない.

2　前条第二項の罪を犯し禁錮の刑に処せられた者は，その裁判が確定した日から刑の執行を終わるまでの間若しくは刑の時効による場合を除くほか刑の執行の免除を受けるまでの間及びその後五年間又はその裁判が確定した日から刑の執行を受けることがなくなるまでの間，公職選挙法に規定する選挙権及び被選挙権を有しない.

3　裁判所は，情状により，刑の言渡しと同時に，第一項に規定する者に対し同項の五年間若しくは刑の執行猶予中の期間について選挙権及び被選挙権を有しない旨の規定を適用せず，若しくはその期間のうちこれを適用すべき期間を短縮する旨を宣告し，又は前項に規定する者に対し同項の五年間若しくは刑の執行猶予の言渡しを受けた場合にあってはその執行猶予中の期間のうち選挙権及び被選挙権を有しない旨の規定を適用すべき期間を短縮する旨を宣告することができる.

4　前三項の規定により選挙権及び被選挙権を有しない者は，公職選挙法第十一条第三項，第二十一条第一項，第二十七条第一項，第三十条の四，第三十条の十第一項，第八十六条の八第一項及び第百三十七条の三の規定の適用については，これらの規定に規定する選挙権及び被選挙権を有しない者とみなす.

5　第一項から第三項までの規定により選挙権及び被選挙権を有しないこととなる者に係る地方自治法第百二十七条第一項，第百四十三条第一項及び第百八十四条第一項の規定の適用については，これらの規定中「第二百五十二条」とあるのは，「第二百五十二条，地方公共団体の議会の議員及び長の選挙に係る電磁的記録式投票機を用いて行う投票方法等の特例に関する法律第十七条第一項から第三項まで」とする.

(電磁的記録式投票機の使用に要する費用の負担)

第十八条　地方公共団体の議会の議員又は長の選挙に関する電磁的記録式投票機の使用に要する費用については，当該地方公共団体の負担とする.

(雑則)

第十九条　第三条の規定による投票を行う選挙について，公職選挙法第二百六十四条の二から第二百六十六条までの規定を適用する場合において

は，これらの規定中「この法律」とあるのは，「この法律及び地方公共団体の議会の議員及び長の選挙に係る電磁的記録式投票機を用いて行う投票方法等の特例に関する法律」とする．

（国の援助）

第二十条　国は，第三条の規定による投票を行う選挙の円滑な実施に資するため，地方公共団体に対する助言その他の援助の実施に努めるものとする．

（命令への委任）

第二十一条　この法律に定めるもののほか，この法律の施行に関し必要な事項は，命令で定める．

（事務の区分）

第二十二条　この法律の規定及びこの法律の規定により読み替えて適用する公職選挙法の規定により，都道府県の議会の議員又は長の選挙に関し，市町村が処理することとされている事務は，地方自治法第二条第九項第二号に規定する第二号法定受託事務とする．

附則抄

（施行期日）

第一条　この法律は，公布の日から起算して三月を超えない範囲内において政令で定める日から施行する．ただし，附則第三条の規定は，地方自治法等の一部を改正する法律（平成十四年法律第四号）第二条の規定の施行の日又はこの法律の施行の日のいずれか遅い日から施行する．

（適用区分）

第二条　この法律の規定は，この法律の施行の日以後その期日を告示される地方公共団体の議会の議員又は長の選挙について適用する．

（市町村の合併の特例に関する法律に係る特例）

第三条　平成十七年三月三十一日までの間における第十四条第二項の規定

の適用については，同項中「又は第二百六十一条第三項」とあるのは「若しくは第二百六十一条第三項又は市町村の合併の特例に関する法律（昭和四十年法律第六号）第四条第十四項若しくは第四条の二第二十一項」と，「同法第八十五条第二項又は第二百六十二条第二項」とあるのは「地方自治法第八十五条第二項若しくは第二百六十二条第二項又は市町村の合併の特例に関する法律第四条の二第三十三項」とする．

附　則（平成一五年六月一一日法律第六九号）抄

（施行期日）

第一条　この法律は，公布の日から起算して六月を超えない範囲内において政令で定める日から施行する．